BAILANDO SOBRE LAS AGUAS

Historias del campo misionero

D.W. Hansen

Tulsa, Oklahoma | Guadalajara, México
Tepic, México

Bailando sobre las aguas
© 2025 por Diego (D.W.) Hansen

Publicado por Grafo House Publishing
Con Heart4Mexico
Tulsa, Oklahoma | Guadalajara, México

ISBN   pasta dura 978-1-963127-37-9
             pasta blanda 978-1-963127-38-6
             libro electrónico 978-1-963127-39-3

Para ponerse en contacto con el autor o pedir informes sobre descuentos por volumen para iglesias y grupos de estudio bíblico, visite h4mx.org.

Derechos reservados en todo el mundo. Ninguna parte de esta publicación puede ser reproducida, almacenada en un sistema de recuperación o transmitida, de ninguna forma o por ningún medio, sin el consentimiento por escrito del editor. Los puntos de vista y las opiniones expresadas en este documento son únicamente del autor y no necesariamente de la editorial.

A menos que se indique lo contrario, todas las citas bíblicas son de la Santa Biblia, versión Nueva Biblia de las Américas™ NBLA™ Copyright © 2005 por The Lockman Foundation.

Las citas marcadas RV60 son de la Santa Biblia, versión Reina-Valera 1960 © Sociedades Bíblicas en América Latina, 1960. Renovado © Sociedades Bíblicas Unidas, 1988. Utilizado con permiso.

Impreso en los Estados Unidos de América
28 27 26 25   1 2 3 4

Sobre las aguas, nunca se baila solo.

A mi amada esposa, Mary Jo: tu mano firme y tu fe valiente han estado conmigo en cada paso, tanto en mares en calma como en olas embravecidas.

Y a nuestros increíbles hijos, Jesiah y Rebecca, quienes sirven con nosotros en el ministerio: gracias por compartir el llamado, el costo y la alegría.

*Estas son nuestras historias.
Y juntos, seguimos bailando sobre las aguas.*

ÍNDICE

Prefacio	3
1. A Rusia, con amor	7
2. El primero en bailar	29
3. La invitación	55
4. ¡Lánzate!	79
5. Él nos sostiene	97
6. Mueve cada obstáculo	113
7. Sigue mirando a Jesús	137
8. Nunca miramos atrás, y no miramos abajo	159
9. Pensar mal te hunde	179
10. Ahora estoy bailando	197
Acerca del autor	213

El agua turbia hacía imposible ver debajo de la superficie, y el viento azotaba las olas con furia. Conocía bien estas aguas impredecibles; crecí en este mar y había pescado en él toda mi vida. Pero en ese momento, se mostraba hostil, traicionero y oscuro.

De repente, un escalofrío recorrió mi espalda: una figura caminaba sobre el agua en medio de la tormenta. Todos pensamos que debía ser un fantasma, pero mientras el miedo nos envolvía, la figura habló:

—¡Ánimo! Soy yo; no tengan miedo.

Era la voz de Jesús... pero, ¿de verdad era Él?

Los muchachos en la barca estaban atónitos, demasiado impactados para hablar —al menos, nada que yo pudiera oír por encima del rugido del viento. Grité, pidiéndole que me mandara ir hacia Él.

Lo único que atravesó el caos fue Su voz:

—Ven.

Sin pensarlo mucho, salí del bote. Siempre he sido impulsivo, suelo saltar antes de pensar, y esta vez no fue diferente. Con mis ojos fijos en Jesús, sentí el agua bajo mis pies volverse tan firme como el suelo. Yo era pescador, pero nunca había experimentado el agua de esa manera. Él caminaba sobre las aguas, y cuando me invitó, yo también caminé sobre ellas.

Pero pronto, el rugido del viento se hizo más fuerte, ahogando todo lo demás, incluso Su llamado.

Esto es imposible; nadie puede hacer esto, pensé.

A pesar de todas las advertencias de mantener la mirada en Él, miré hacia abajo. En ese instante, sentí que mi pie se hundía bajo la superficie, y el pánico se apoderó de mí. Me estaba hundiendo. La duda me paralizó, y me hundí, a pesar de ser un buen nadador.

—¡Señor, sálvame! —grité.

En el acto, Su mano me sostuvo con fuerza. Siempre nos atrapa cuando caemos.

Entonces me preguntó por qué había dudado —una pregunta que me impactó profundamente. Tenía todo a mi favor: Él caminaba sobre el agua sin esfuerzo, sin titubear, dando el ejemplo perfecto. Me había invitado a ir, y Él tiene la autoridad para hacerlo. Incluso el viento se calmó en cuanto subimos al bote.

Di esos primeros pasos, entonces... ¿por qué dudé?

Más tarde entendí que Él siempre desea nuestra fe y confianza en su palabra. Si Él dice: "Ven," entonces no hay razón para dudar. Su invitación siempre lleva consigo el poder para cumplirla.

—Simón Bar-Jonás (Pedro).

PREFACIO

"Es un insulto no confiar en el Señor después de tantos años de milagros. Después de todo lo que Él ha hecho, lo mínimo que Él merece de nosotros es fe y confianza. *Una vez que has caminado sobre el agua el tiempo suficiente... puedes bailar sobre ella".*

Estas palabras fueron el corazón de un mensaje que prediqué en nuestra iglesia un domingo del año 2015. La frase "bailando sobre las aguas" se convirtió rápidamente en parte del vocabulario de nuestra comunidad. Mi nuera, Mimi, incluso se inspiró para componer una canción con ese título:

> Una vez que has caminado sobre el agua el tiempo suficiente… puedes bailar sobre ella.

Bailando sobre las aguas
La Fuente Ministerios – Mimi Hansen

> En aguas profundas, tú conmigo vas.
> En ríos de dificultad, mis pies firmes avanzarán.
> En aguas profundas yo puedo cantar.
> Ahora veo oscuridad, sé que el día brillará.
> En fe, por las aguas puedo caminar.
> Veo tu mano en ellas, comienzo a bailar.
> Puedo bailar, puedo bailar.

Vas delante de mí.
Vas dentro de mí.
Vas detrás de mí.
Vas debajo de mí.

A lo largo de los años, el Señor nos ha sostenido mientras caminábamos por fe. Como dice el antiguo himno: "A través de muchos peligros, pruebas y trampas, ya hemos pasado". ¿Cómo podríamos dudar después de todo lo que hemos vivido? El Señor ha sido fiel, protegiendo y proveyendo en cada paso del camino. Estas experiencias nos han enseñado que, después de todo lo que hemos atravesado, el Señor realmente merece nuestra fe inquebrantable y nuestra plena confianza.

Una manera de asegurarnos de seguir confiando —de mantener la fe— es recordando Su poder y su fidelidad:

> *Recuerden las maravillas que Él ha hecho,*
> *Sus prodigios y los juicios de su boca.*
> *(Salmo 105:5)*

Debemos contar estas historias una y otra vez. Mi propósito con este libro es precisamente ese: recordar y dejar por escrito lo que el Señor ha hecho en nuestras vidas mientras caminábamos por fe.

He escuchado historias increíbles y únicas de misioneros y hermanos en la fe. Podría llenar este libro con sus testimonios, y todos quedaríamos asombrados de lo que el Señor ha hecho en y a través de tantos siervos fieles de Jesús. Pero las aventuras más impresionantes y las historias más verdaderas son aquellas que compartimos sobre lo que el Señor ha hecho con nosotros.

> *El pueblo que conoce a su Dios se mostrará fuerte y actuará.*
> *(Daniel 11:32)*

Como Pedro, el Señor nos llama a caminar por la fe. Como dijo William Carey: "Intenta cosas grandes para Dios; espera cosas grandes de Dios".

Cuando Cristo nos llama, necesitamos salir del bote y caminar sobre las aguas con fe.

Y aquí viene la parte más emocionante: una vez que has caminado sobre las aguas el tiempo suficiente, te acostumbras. Te enamoras de esa vida. Comienzas a buscarla, a esperarla... y a disfrutarla. Entonces, empiezas a bailar sobre las aguas, celebrando la fidelidad constante y segura de Dios.

Caminar sobre el agua es un gran comienzo.

Pero bailar sobre el agua... ese es el verdadero destino de tu historia.

CAPÍTULO 1
A RUSIA, CON AMOR

Y les dijo: "Vayan por todo el mundo y prediquen el evangelio a toda criatura".

Marcos 16:15

Los ojos del agente de viajes casi se le salen de la cara cuando pusimos fajos de billetes nuevos sobre su escritorio, contándolos meticulosamente.

—El total de los boletos es de $11,000 —dijo con una voz cargada de curiosidad.

Seguimos contando, la tensión creciendo con cada billete que colocábamos:

—$8,000, $9,000, $10,000...

La atmósfera era eléctrica. Estábamos tan cerca, a solo un suspiro de alcanzar la meta. Y justo en ese momento, como si fuera parte del guion, sonó el teléfono. Era una llamada providencial: una promesa de donación por $500.

El agente, percibiendo nuestra determinación y quizás conmovido por nuestra causa, se inclinó hacia adelante y se ofreció a cubrir la diferencia hasta que llegara el dinero prometido. Con los boletos finalmente en mano, salimos corriendo, luchando contra el reloj para alcanzar nuestro vuelo —primera parada: Tokio, y luego, rumbo a la Unión Soviética.

Nuestra loca carrera hacia el avión fue la culminación de meses de trabajo y fe. Era el verano de 1980, el año de los Juegos Olímpicos en Moscú. Sin embargo, el boicot del presidente Carter retrasó nuestro viaje hasta que terminaron los juegos. Nuestra misión, llamada "Operación Amistad", fue organizada por Juventud Con Una Misión (JUCUM). Era una empresa valiente, cuyo objetivo consistía en compartir las buenas nuevas en tierras que a menudo veían con sospecha a los forasteros.

La URSS era particularmente resistente al evangelio, pero los Juegos Olímpicos, inesperadamente, abrieron las puertas de par en par: 160 ciudades ahora estaban accesibles a turistas por primera vez en años. Era una oportunidad sin precedentes.

Habíamos planeado cuidadosamente nuestro viaje para julio, justo después de un tiempo en Canadá. Con las visas para la URSS en mano y los pasaportes asegurados, todo parecía encajar perfectamente. Pero quedaba un obstáculo gigantesco: no teníamos el dinero para pagar el viaje.

Ante este desafío, nuestro equipo oró, buscando la guía del Señor. Él nos dio un pasaje de Habacuc:

Aunque la higuera no eche brotes,
Ni haya fruto en las viñas;
Aunque falte el producto del olivo,
Y los campos no produzcan alimento;

Aunque falten las ovejas del redil,
Y no haya vacas en los establos,
Con todo yo me alegraré en el Señor,
Me regocijaré en el Dios de mi salvación.
(Habacuc 3:17—18)

Con una fe renovada, tomamos la difícil decisión de reprogramar nuestro viaje para agosto. Nos reuníamos todos los lunes por la noche para orar y compartir actualizaciones sobre nuestras actividades de recaudación de fondos. Cada reunión fortalecía nuestra determinación y nos acercaba más al cumplimiento de nuestra meta.

Nuestro equipo estaba formado por cinco personas: tres mujeres jóvenes (una de ellas madre soltera), yo, y nuestro líder, Steve. Pasamos meses en oración ferviente y trabajando sin descanso para reunir los fondos necesarios. Después de mucho esfuerzo, logré juntar mi parte —$2,200 dólares— y me sentía seguro y listo para el viaje que teníamos por delante. Sin embargo, la madre soltera de nuestro grupo no había reunido ni un solo centavo. Recuerdo haber pensado: No está bien que deje a su hijo por más de un mes.

Pero habíamos hecho un pacto como equipo: si uno no podía ir, ninguno iría. Durante un momento muy intenso de oración, sentí que el Señor me decía:

—Dale la mitad de tus fondos a la madre soltera.

Al principio dudé en entregar la mitad de mi dinero, preguntándome si me arrepentiría después.

Pero una vez que lo hice, me sentí increíble. Y entonces, sucedió algo extraordinario: ifue como si se abrieran las puertas del Cielo! Justo tres días antes de nuestro vuelo, llegaron $5,500 dólares. La generosidad que experimentamos fue más allá de lo que jamás imaginé —un recordatorio poderoso de que cosas asombrosas suceden cuando das un paso de fe.

"Dale la mitad de tus fondos a la madre soltera".

Tuvimos que pagar por adelantado el viaje, lo cual cubría los boletos de avión y otros gastos de transporte —pero no la comida. Gastamos hasta el último centavo, y quedó una gran pregunta en el aire: ¿Cómo íbamos a comer? Ninguno de nosotros tenía tarjeta de crédito ni otra forma de pagar por los alimentos. Aun así, la emoción de tomar mi primer vuelo internacional fue tan grande que ahogó cualquier preocupación. Todo se sentía más como un sueño que como la vida real.

Primera parada: Tokio

El vuelo de once horas a Tokio pasó rápidamente. Oramos como equipo, compartimos el evangelio con otros pasajeros y nos sumergimos en la lectura de la Palabra. En un momento, me encontré leyendo el Salmo 105:19:

*Hasta que se cumplió su palabra,
la palabra del Señor lo puso a prueba.*

Un pensamiento me golpeó: Dios pondrá a prueba Su palabra en nosotros durante este viaje. Fue un recordatorio de que este viaje no era solo sobre llegar a un destino, sino sobre probar la fe y las promesas a las que nos aferrábamos.

Como no teníamos dinero, decidimos dormir en el aeropuerto. Exhaustos, encontramos un rincón con bancas y me quedé dormido. Siempre he podido dormir en lugares difíciles, pero este... fue el peor.

Pronto me desperté asustado: Estábamos rodeados por policías con rostros serios. Nos ordenaron que los siguiéramos, y aunque dudamos un poco, obedecimos. Nos llevaron a un lugar más tranquilo y, ya instalados, comenzaron a reírse al ver lo asustados que nos habíamos puesto cuando nos despertaron. Nosotros también nos reímos, pero después de eso, no dormimos mucho.

Había un detalle importante que no había mencionado: como reprogramamos el viaje para agosto, nuestras visas para entrar a la URSS necesitaban ser reemitidas, pero no llegaron a tiempo para nuestro vuelo.

—Las enviaré en el vuelo de mañana —nos aseguró el agente de viajes antes de salir de Seattle.

—Las recibirán a tiempo para tomar el siguiente vuelo desde Tokio.

Mientras el reloj avanzaba en el aeropuerto de Tokio, esperábamos ansiosamente, aferrándonos a la oración y la esperanza, confiando en que el vuelo de ese día desde Seattle traería las visas. Pero a medida que pasaban las horas, nuestra ansiedad crecía, igual que el hambre —no teníamos comida ni certeza alguna.

Cuando por fin aterrizó el vuelo de la tarde, recibimos la mala noticia: Nuestras visas no estaban a bordo. Nuestras esperanzas se vinieron abajo y comenzamos a preguntarnos qué pasaría si llegábamos a Rusia sin los documentos esenciales.

Nuestro itinerario exigía que nos trasladáramos a otro aeropuerto al otro lado de Tokio, donde pasamos la noche esperando el próximo vuelo. Una vez más, dormir fue difícil. Nuevos guardias de rostro serio nos despertaron y nos hicieron movernos. Creímos que esto era otra prueba de parte de Dios —una manera de ver si podíamos soportar sin quejarnos.

Siguiente parada: Niigata

Al día siguiente, volamos a través de Japón con destino a un pequeño aeropuerto llamado Niigata, en la costa oeste del país. Después de una escala de unas horas, abordaríamos un vuelo rumbo a Jabárovsk, en Siberia, en lo profundo de la URSS.

Los comentarios y advertencias de otros seguían resonando en nuestros oídos:

—Sin visas, jamás los dejarán entrar a la URSS.

Pero Steve, nuestro líder, se mantenía firme.

—Dios nos dijo que fuéramos, así que iremos hasta que ya no podamos avanzar —declaró con convicción.

A medida que pasaban las horas, el hambre comenzaba a hacernos estragos. Se me hizo agua la boca cuando la azafata repartió toallas de mano calientes. Seguro es para prepararnos para una comida, pensé. Pero no llegó ningún alimento, y aterrizamos con el estómago vacío.

Con solo unas pocas horas antes de nuestro vuelo a Siberia, nos acercamos al mostrador de la aerolínea soviética Aeroflot y entregamos nuestros boletos al agente.

—Las visas, por favor —nos pidió.

—Sí, sobre eso... eh, tenemos visas, ya fueron emitidas... pero no las tenemos con nosotros —explicamos con cierta incomodidad.

La respuesta del agente fue firme:

—No pueden ingresar a la URSS sin una visa. Si los dejo abordar el avión, serán detenidos al llegar, puestos en la cárcel y devueltos en el siguiente vuelo, que sale en una semana.

Intentamos defender nuestro caso, pero fue inútil. Derrotados, nos dejamos caer en la sala de espera. Las chicas fueron al baño a llorar, y siendo sincero, yo también. Cuando regresé, noté una expresión extraña y decidida en los ojos de Steve.

—¿Dios nos dijo que fuéramos a Rusia, verdad? —dijo con voz firme y llena de convicción.

—Nunca nos dijo qué haríamos allá. Yo digo que vayamos, aunque tengamos que pasar una semana en la cárcel.

La osadía de la juventud a menudo camina en la delgada línea entre la valentía y la imprudencia. Impulsados por la fe, la adrenalina (y una buena dosis de ignorancia), estábamos considerando seriamente un plan tan arriesgado. Para las chicas, la idea era aún más aterradora.

"¡Ustedes están locos!"

Incapaz de ocultar su miedo, una de ellas soltó:

—¡Ustedes están locos!

Con una mirada penetrante, Steve le preguntó:

—¿Eso lo dice tu miedo o el Señor?

—Soy yo —confesó—. Estoy aterrada.

Nos acercamos al mostrador con una determinación renovada, esperando convencer al agente de que nos dejara abordar. El funcionario se mantuvo firme:

—Si continúan sin visas, serán encarcelados —nos advirtió.

—Entonces déjenos ir y enfrentar las consecuencias —respondimos.

La expresión perpleja del agente sugería que pensaba que estábamos completamente locos. La conversación entró en un bucle, sin que ninguna de las partes cediera.

Finalmente, en un momento de claridad en medio de aquel vaivén, pregunté:

—¿Nuestro vuelo todavía está aquí?

Su respuesta, breve y directa nos golpeó como un puñetazo en el estómago:

—No, ya se fue.

¿Y ahora qué íbamos a hacer? Estábamos varados en la costa oeste de Japón, sin dinero y muertos de hambre.

Una avalancha de pensamientos cruzó por mi mente. ¿Cómo se supone que voy a regresar a casa desde aquí? Hacer autoestop en Japón no era una opción. La magnitud de nuestra situación empezó a caer sobre nosotros como una losa.

Las chicas regresaron al baño una vez más, con los ojos llenos de lágrimas, mientras yo salí a caminar por una zona arbolada cerca del aeropuerto. Al internarme por un sendero, una enorme telaraña bloqueaba el camino, con una araña gigante justo en el centro. Sentí un escalofrío recorrerme la espalda. Consideré tomar otra ruta, pero telarañas similares se extendían tanto a mi derecha como a mi izquierda. No me quedó más opción que dar media vuelta.

Ese sendero se sentía como una metáfora de nuestro viaje desastroso: cada paso hacia adelante encontraba un nuevo obstáculo. Pero, a diferencia del bosque, en esta situación no podíamos retroceder. En mis días antes de conocer a Cristo, puse mi confianza en las drogas, en relaciones... incluso en actos delictivos. Pero todo resultó ser inútil. Murmuré para mí mismo: Nada en lo que he confiado ha funcionado, y ahora incluso Jesús me ha fallado.

Pensé en eso, y en mucho más, mientras caminaba por ese sendero lleno de telarañas. Con el corazón hundido y el estómago vacío, regresé al aeropuerto, con el peso de la desesperanza sobre los hombros.

De regreso en ese pequeño aeropuerto, decidimos como grupo quedarnos allí, esperando que Dios abriera alguna puerta. Nos acomodamos en las bancas, preparándonos para pasar otra noche durmiendo en un aeropuerto. Mientras intentábamos ponernos cómodos, se nos acercó un amable agente de la aerolínea japonesa llamado Akihiko. Hablaba inglés perfectamente y, con un tono suave pero firme, nos informó:

—No pueden pasar la noche aquí. Este aeropuerto cierra a las 9:30 p.m.

Le explicamos nuestra situación, insistiendo en que ya habíamos gastado todos los fondos de viaje que habíamos pagado por adelantado. Su preocupación por nosotros era evidente, pero respondió:

—Tendrán que quedarse afuera.

Justo cuando esas palabras salían de su boca, el cielo se abrió y comenzó a llover a cántaros. Akihiko miró hacia afuera, observando el aguacero, y su expresión se suavizó.

—Está bien —cedió—. Les puedo ofrecer refugio por esta noche. Y además... yo cubriré su pasaje de tren de regreso a Tokio mañana.

—Prometemos reembolsarte —le aseguramos, y luego seguimos a nuestro nuevo amigo hasta su vehículo, que nos llevó a una bodega.

Como si fuera poco, nos ofreció una comida. El hambre desapareció de inmediato; después de casi cuarenta y ocho horas sin comer bien, esa cena supo cómo el banquete más delicioso que haya probado en mi vida.

De regreso a Tokio

Todavía recuerdo vívidamente ese agotador viaje nocturno en tren de regreso a Tokio. Viajamos desde las 11:30 p.m. hasta las 5:00 a.m. El tren económico tenía bancas duras, con respaldos rectos e implacables, lo que hacía imposible encontrar una posición cómoda para dormir. Estaba delirando por la falta de sueño y por la poca comida que habíamos conseguido en los últimos cuatro días. En un punto, la desesperación venció cualquier sentido de vergüenza, y me acosté en el piso del pasillo, rodeado de colillas de cigarro, chicles pegados y quién sabe qué más.

Una vez que por fin llegamos a Tokio, el reto continuó. Tuvimos que navegar por la compleja red de trenes suburbanos para llegar a un vecindario al otro lado de la ciudad. Cada ruta estaba identificada por un color.

—Tomen la línea azul hasta la línea café, y luego cambien a la verde —nos indicaron.

Nos sentíamos como ratas en un laberinto, corriendo de un tren a otro, apenas alcanzando cada conexión a tiempo. A pesar de todos los obstáculos, finalmente llegamos a la pequeña casa de nuestro contacto, agotados pero aliviados de haber llegado.

En Tokio, por fin encontramos un poco de respiro. Nuestro contacto local nos permitió quedarnos en un lugar sencillo que pronto se convirtió en un santuario espiritual. El cielo se sentía cercano ahí, y poco a poco, un nuevo plan comenzó a formarse.

Poco después de instalarnos, Steve se reunió con un misionero veterano que había viajado extensamente por la URSS, China y Mongolia. Él tenía una idea sobre nuestro retraso inesperado.

—Intenté comunicarme con ustedes cuando supe de su viaje —explicó el hombre— pero ya se habían ido de Tokio. Creo que la misión de este viaje debe enfocarse en Mongolia. Es una de las naciones más cerradas al evangelio. La comunidad cristiana allá casi no existe; solo se conoce a un creyente.

—Creo que su llamado es orar en el monumento a los caídos en la ciudad capital de Ulán Bator, Mongolia.

Mongolia, ubicada entre China y Rusia, estaba profundamente arraigada en el budismo y el chamanismo. Sin embargo, desde la revolución comunista de 1921, había sido forzada hacia el ateísmo.

La región era conocida como las estepas orientales, y aún conservaba un estilo de vida nómada donde la población humana era superada en número por cabras y caballos.

El misionero veterano advirtió a Steve:

—Predicar el evangelio es ilegal allá. El simple hecho de poseer una Biblia podría llevarte a la cárcel.

Nuestro plan de viaje cambió por completo después de visitar la embajada rusa. Reorganizamos todo el itinerario, dándole prioridad a nuestra estancia en Mongolia. Debido al riesgo que implicaba llevar nuestras Biblias, optamos por ser prudentes y las dejamos en Tokio. Me consolaban los versículos que había memorizado, y confié mi Biblia al amable contacto que nos hospedaba en la ciudad.

En lo que pareció una intervención divina, llegaron fondos desde casa justo a tiempo esa semana, lo que nos permitió pagar el nuevo itinerario. Nuestro agente de viajes agilizó el trámite de nuestras visas renovadas y, cuando regresamos al aeropuerto de Tokio, nos las entregaron, haciendo posible continuar el viaje.

> "Predicar el evangelio es ilegal allá. El simple hecho de poseer una Biblia podría llevarte a la cárcel".

La semana siguiente, regresamos al Aeropuerto de Niigata, esta vez con confianza. La reacción del personal fue casi cómica:

¡Ellos regresaron!

La expresión de sorpresa en el rostro de nuestro amigo fue igual de valiosa cuando, con gratitud, le reembolsamos el dinero de los boletos de tren.

—Las visas, por favor —nos pidió el mismo agente de boletos de la semana anterior.

Se las entregamos triunfantes, disfrutando su asombro.

Y pronto, abordamos el avión rumbo a Jabárovsk, en la URSS.

Rumbo a Siberia

Siberia tenía una reputación bien ganada: Una tierra sinónimo de frío cortante y vastas extensiones heladas. El aire gélido y la escarcha que salía de las rejillas de ventilación dentro del avión confirmaban esos relatos. Mientras sonaba "El Animador" —la melodía de la película "El Golpe" de 1973— nuestro avión brincaba y se sacudía al aterrizar hasta que se detuvo por completo. Pero al bajar, la realidad fue muy distinta: Nos recibió un clima templado de 27 grados Celsius, desmintiendo todos los mitos que tenía sobre Siberia.

Viajar tres días en el Ferrocarril Transiberiano, sin comida ni posibilidad de hablar ruso, fue toda una prueba. El diseño del tren era sencillo: Dos literas por compartimiento. A diferencia de los trenes en Estados Unidos, aquí no existía la privacidad. Las mujeres del grupo tenían tres camas y un viajero ocupaba la cuarta. Steve compartía habitación con una pareja, y yo con una señora mayor. Los compañeros de cuarto cambiaban constantemente, conforme la gente subía o bajaba en diferentes estaciones. Siempre buscando oportunidades para compartir el evangelio, veía cada encuentro como una cita divina.

Aún recuerdo a un tipo en particular: un teniente del Ejército Rojo. Determinado a romper la barrera del idioma, usé todas las estrategias de comunicación que conocía. Llevaba mi guitarra (todavía no sé cómo la cargué en ese viaje) y traté de romper el hielo tocando una canción rusa que había aprendido. Pero él seguía impasible, con una expresión completamente seria.

De pronto, rompió el silencio:

—¿Quieres ver mis fotos? —me preguntó, en un inglés claro y fluido.

Me quedé sorprendido. Mientras intentaba hablar con él, entendía perfectamente todo lo que decía. Con entusiasmo, acepté conocer más de él. Sacó una caja escondida debajo de su litera y comenzó a mostrarme fotografías de sus seres queridos.

Al reflexionar sobre ese encuentro con el teniente, empecé a comprender más acerca de nuestra diferencia cultural. Él llevaba el uniforme típico del Ejército Rojo, una imagen que ya habíamos visto muchas veces en nuestro viaje. Mientras tanto, nosotros los occidentales destacábamos con nuestros tenis nuevos, jeans y todos esos pequeños detalles que gritaban "individualidad". Puedo imaginar lo abrumador que eso debió parecerle.

Al compartir partes de mi historia personal, probablemente sin querer lo hice sentirse aún más fuera de lugar —o quizá hasta eclipsado. En su mundo, donde sobresalir es raro o incluso mal visto, seguramente luchaba por encontrar algo que sintiera verdaderamente suyo.

> Era una persona de carne y hueso, con esperanzas, luchas y necesidades, igual que yo.

Y entonces lo entendí: Sus fotografías. Esas imágenes eran su tesoro, su historia personal, libres de propaganda gubernamental o del impulso por encajar. Eran su vida, guardada en un sistema que valoraba al colectivo por encima del individuo.

Mi encuentro con el teniente me abrió los ojos a una verdad profunda: Todos, sin importar su contexto, necesitan a Jesús. Él no era solo un oficial con uniforme o una pieza más del sistema —era una persona de carne y hueso, con esperanzas, luchas y necesidades, igual que yo.

Finalmente, Mongolia

¡Comida! ¡Comida dulce y deliciosa! El hotel en Mongolia incluía los alimentos. Al principio, nos dijeron que tendríamos que regresar a la URSS con el estómago vacío porque nuestros vales de comida nunca se enviaron. Pero poco después, los encontraron, y nuestra guía de turistas se rio de nosotros porque enviaron mucho más de lo que realmente necesitábamos.

Nuestro recorrido por Siberia no incluía comidas, así que sobrevivimos con algunas cosas que llevábamos y el té de cortesía que ofrecía el tren. Ya estaba delgado cuando salí de casa, pero para cuando terminó el viaje, había perdido casi siete kilos. Tuve que contenerme cuando llegó el plato de carne tierna acompañado de una taza de yogur. Más tarde descubrí que la carne era lengua de oveja, y el aparente yogur era tarag, una bebida popular en Mongolia.

En ese país, nuestro objetivo principal consistía en orar por encuentros divinos, mientras permanecíamos atentos en caso de abrirse alguna oportunidad para compartir el evangelio. Actuábamos con cautela, conscientes del riesgo de ser arrestados y del peligro de quedar atrapados en medio del conflicto político entre comunismo y capitalismo. Entendíamos que nuestra lucha no era contra personas ni contra el gobierno, sino en oposición a fuerzas espirituales invisibles. Abrir Mongolia a las buenas nuevas era crucial; por lo que nuestras oraciones se enfocaban en preparar el camino para el evangelio.

Durante todo nuestro tiempo en Mongolia, no pude quitarme de encima una sensación inquietante: Como si nos estuvieran vigilando. Nuestra alegre guía turística, Koa-Koa, que hablaba un inglés fluido, estaba siempre a nuestro lado. A pesar de su actitud amable y su sonrisa constante, pronto nos dimos cuenta de que su función no era solo la de guiarnos... sino también la de monitorear cada uno de nuestros movimientos.

"Alguien nos está observando desde las sombras".

Una noche, caminamos por un parque local sin la mirada vigilante de nuestra guía. La sensación de libertad fue refrescante, y comenzamos a dejar algunos folletos en las áreas de descanso. Sin embargo, mientras orábamos y escondíamos discretamente los tratados bíblicos que llevábamos, un comentario en voz baja de uno de los compañeros me puso la piel de gallina:

—Alguien nos está observando desde las sombras.

Entrecerré los ojos y distinguí una figura que parecía estar mirándonos. Luego noté más siluetas oscuras más allá de la primera. El pánico se apoderó de mí, y mi mente se llenó de imágenes de una prisión desagradable en plena dictadura comunista.

Intentando aparentar calma, seguimos caminando, orando en voz baja. De pronto, al rodear unos arbustos, nos encontramos cara a cara con uno de los supuestos vigilantes. Antes de que el pánico regresara, Steve dijo con tranquilidad:

—Es una estatua.

Una inspección más cercana confirmó su observación: El parque estaba lleno de estatuas humanas de tamaño real. Nuestra imaginación nos había jugado una mala pasada. A pesar de lo gracioso del malentendido, la sensación de estar siendo observados no se disipó del todo.

Cada día, nuestra guía nos llevaba a lo que parecía un recorrido lleno de propaganda, mostrándonos diversos monumentos y museos. Sin embargo, nuestro propósito principal en Ulán Bator era orar en el famoso monumento a los caídos en la Colina Conmemorativa de Zaisan. Para nuestro alivio, un día anunció que visitaríamos ese lugar. Aunque fue una buena noticia, me pregunté cómo podríamos proclamar discretamente que Jesús es el Señor con ella a nuestro lado.

Al acercarnos a la colina, nuestra guía señaló hacia arriba y comentó:

—Hay 612 escalones hasta la cima.

No sé si no quería subir o si deliberadamente nos quiso dar un momento de privacidad, pero añadió:

—Si no les importa, los espero aquí.

Fue una oportunidad inesperada, así que le dijimos:

—Claro, está bien, espérenos aquí.

Subimos la colina a toda prisa. Bueno... tan

rápido como pudimos arrastrarnos escalón tras escalón —¡612 en total!— a 1,300 metros de altitud.

Una vez en la cima, nos dispersamos hacia diferentes puntos, y con convicción en el corazón gritamos:

"JESUCRISTO ES EL SEÑOR DE TODA MONGOLIA".

En ese momento, sentí un cambio espiritual en la atmósfera. Pero al mirar a mi alrededor, me sorprendió ver que nuestra guía también había subido, decidiendo finalmente hacer la caminata. Ya fuera que presenció nuestro acto de fe o que eligió ignorarlo, no dijo ni una palabra. Nuestra misión se había cumplido con éxito.

Otros grupos, como el nuestro, también viajaron a Mongolia con el mismo propósito: Orar y ser testigos de una transformación. Notablemente, después de la revolución de 1990, Mongolia abrazó el evangelio al modificar su constitución para permitir la libertad religiosa. Avancemos al año 2023, y el país ahora cuenta con una comunidad cristiana de más de 40,000 creyentes y más de 600 iglesias. Este cambio extraordinario demuestra el poder de la fe y cómo Dios puede obrar maravillas a través de cinco jóvenes comprometidos con su misión, junto con muchos otros seguidores fieles de Jesús.

Aunque nuestra misión principal se había cumplido, el viaje aún no terminaba. Primero volamos de regreso a Irkutsk, en la URSS, y luego nos preparamos para un viaje de tres días en tren hacia la ciudad portuaria de Vladivostok. Una vez más, el trayecto consistió en té ferroviario, sin comida, y muchos encuentros únicos con personas que necesitaban conocer a Jesús.

Crucero hacia Japón

Regresar a Japón fue una experiencia inolvidable. Viajamos en un barco ruso y, para nuestra alegría, ¡la comida era tipo buffet, todo lo que quisiéramos comer! El primer día, el comedor estaba lleno de pasajeros hambrientos, listos para darse un festín. Pero cuando un tifón golpeó el Pacífico, nuestro pequeño crucero fue sacudido como un juguete entre las olas. Al día siguiente, el comedor estaba casi vacío, con solo unos cuantos pasajeros pálidos y con cara de mareo.

Fui bendecido de no marearme y decidí compensar todos los días sin comer consumiendo todo lo que pudiera. Sin embargo, mi cuerpo no pudo manejar un banquete tan repentino después de tantos días con tan poco alimento. No pasó mucho tiempo antes de que me uniera al grupo de los enfermos, lamentando mi exceso.

El tifón causó un retraso de catorce horas, lo que significó que tuvimos que ir directamente al aeropuerto desde el puerto en Yokohama. Cuando nuestro amigo vino a recogernos, nos entregó las Biblias que tanto habíamos extrañado y nos informó:

—Hay restricciones muy estrictas para entrar al aeropuerto. Toda la semana ha habido amenazas

> Si Dios te llama a ir a algún lugar, compra un boleto y vuela; si no puedes volar, maneja; si no puedes manejar, camina; si no puedes caminar, apunta hacia donde Él te llama… y cae.

de guerrilleros de izquierda, y el aeropuerto está cerrado. Oren para que podamos pasar.

Fue increíble la cantidad de obstáculos que se interpusieron en nuestro camino.

Recuerdo que cuando llegué a casa, mi madre me vio tan delgado como un palo. La alegría de regresar con la familia fue igualada por la satisfacción de saber que habíamos logrado algo de significado eterno.

Nuestro viaje a la Unión Soviética fue mi primera oportunidad de caminar sobre las aguas. Caminamos hasta donde ya no podíamos avanzar más. Ese caminar nos llevó al otro lado del mundo y de regreso. Una vez escuché a alguien expresar esta idea con claridad:

"Si Dios te llama a ir a algún lugar, compra un boleto y vuela; si no puedes volar, maneja; si no puedes manejar, camina; si no puedes caminar, apunta hacia donde Él te llama… y cae".

Así fue como cinco jóvenes inexpertos viajamos más de 30,000 kilómetros. Alguien más grande que nosotros fue quien nos sostuvo y nos llevó todo el camino.

CAPÍTULO 2

EL PRIMERO EN BAILAR

*Y el S*EÑOR *dijo a Abram:*
"Vete de tu tierra,
De entre tus parientes
Y de la casa de tu padre,
A la tierra que Yo te mostraré".

Génesis 12:1

Viajar a la URSS y a Mongolia fue mi primer gran salto de fe. Se sintió como bailar sobre las aguas —emocionante, incierto y completamente fuera de mi zona de confort. Como dice la Biblia: "El justo por la fe vivirá" (Romanos 1:17), y este viaje representó mis primeros pasos temblorosos en mi caminar con Cristo.

Abraham

Abraham, el padre de la fe, fue el pionero en dar un paso de obediencia radical. Él estableció el estándar de lo que significa caminar por fe. Imagina su situación: vivía en la ciudad caldea de Ur —un lugar que muchos ubican en lo que hoy es el sureste de Irak— y venía de una familia completamente ajena al único Dios verdadero. Su padre se mudó de Ur a Harán, y fue allí donde Dios llamó a Abraham a dejar su tierra, su parentela y la casa de su padre para ir a una tierra que Él le mostraría.

Seguramente tuvo dudas, pero cuando llegó el llamado de Dios a salir rumbo a un destino desconocido, él obedeció. Salió sin saber exactamente adónde iría. Eso es caminar sobre las aguas. Es vivir por fe y no por vista.

Abraham es un ejemplo central en toda formación misionera, porque cuando Dios le dijo: "Vete," él obedeció con una fe inquebrantable. Esto refleja cómo Jesús llamó a sus discípulos. Ellos dieron sus primeros pasos con un llamado simple, pero profundo:

—Sígueme.

Jesús extendía una invitación, pero no les decía adónde iban ni qué harían.

"El Hijo del Hombre no tiene dónde recostar la cabeza".

"Deja que los muertos entierren a sus muertos".

"Toma tu cruz y sígueme".

Estas eran algunas de sus respuestas cuando la gente le preguntaba sobre el destino, el hospedaje o la provisión.

Para los seguidores de Jesús hoy, nuestros pasos de fe pueden parecer ridículos para muchos, e incluso una locura para otros. Nos pueden preguntar adónde vamos, o burlarse de nuestra falta de planes y preparación. Pero su negatividad no determina nuestra fe, y mucho menos limita la respuesta de Dios. Como dice el refrán:

"El hombre propone, pero Dios dispone".

Nosotros damos el paso sobre las aguas, y dejamos que Dios se encargue de desafiarlas con Su poder sobrenatural.

Una invitación imposible

Después de mi expedición a la URSS y Mongolia, me había quedado sin dinero. La idea de embarcarme en otro viaje me parecía totalmente imposible. Así que te podrás imaginar mi sorpresa cuando recibí una invitación para unirme a un equipo que iría a las Islas Marianas, en el Pacífico Occidental. Le dije al director del equipo que no tenía dinero y que, además, no tenía tiempo para reunir los fondos necesarios. Sinceramente, creía que no había forma de que pudiera ir. Pero después de orar y hablarlo en equipo, todos decidieron simplemente lanzarse —confiando en que Dios se encargaría del resto en el camino.

> "No tengo idea… pero estoy confiando en Dios".

Nuestro vuelo salía desde Canadá, así que hicimos una parada en mi casa familiar, de camino a Vancouver, B.C. Esa noche hablé con mi padre, quien me preguntó cómo pensaba ir al viaje si no tenía dinero. Le respondí con la verdad:

—No tengo idea... pero estoy confiando en Dios.

A la mañana siguiente, al salir temprano, me despidió con un tono burlón:

—Nos vemos en la tarde.

Para ese momento, yo mismo comenzaba a dudar del viaje. La idea de regresar en una camioneta a casa después de que todos abordaran el avión me deprimía profundamente.

Con menos de cuatro horas antes de la salida del vuelo, paramos en un área de descanso. Noté que el resto del equipo conversaba entre ellos, y temí que estuvieran discutiendo la posibilidad de dejarme en el aeropuerto. Cuando el director me llamó aparte, me preparé para lo que pensé que era un resultado inevitable. Pero sus palabras me tomaron completamente por sorpresa.

—Como equipo, hablamos y tomamos una decisión respecto a tu participación en este viaje —comenzó.

—Decidimos dar nuestras cuotas de comida para comprar tu boleto.

Me explicó que cada miembro del equipo había apartado dinero en efectivo para sus gastos de alimentación, y que estaban dispuestos a sacrificarlo para que yo pudiera hacer el viaje. Terminó diciendo:

—No sabemos cómo vamos a hacerlo sin comida, pero estamos confiando en Jesús y creemos que Él proveerá.

Me sentí asombrado... y, sinceramente, un poco nervioso por la situación. Ya regresaba bastante delgado del viaje anterior, y pasar seis semanas sin comida parecía casi inimaginable. Pero no podía ignorar el llamado que sentía de parte de Jesús. Estaba convencido de que Él quería que formara parte de ese equipo.

> Ya regresaba bastante delgado del viaje anterior, y pasar seis semanas sin comida parecía casi inimaginable.

Con esa convicción, puse un pie delante del otro y volé hacia las islas, pasando por Honolulu, Hawái. Fue mi segunda aventura de fe en menos de dos años de seguir a Jesús.

Hawái y más allá

Al llegar a Hawái, sentí de nuevo la misma seguridad que había experimentado en Tokio. Sentí que el Señor me decía:

—Yo te llevaré; Yo te cubriré.

Nuestro equipo pasó un tiempo explorando y compartiendo con las personas en Hawái.

Mientras tanto, mi padre se preguntaba qué había pasado conmigo, ya que nunca regresé de Canadá. Por supuesto, en 1981 no existían los teléfonos celulares, y las llamadas internacionales eran costosas, así que me tomó varios días poder hacer una llamada internacional a casa.

Su reacción inmediata fue de preocupación y confusión.

—¿Dónde estás? ¿Por qué no regresaste directamente a casa?

Me expresó su angustia y su incredulidad de que realmente hubiera podido irme al viaje. Me tomó un rato explicarle que estaba en Hawái, de camino a las islas.

Después de nuestra breve estancia en Hawái, tomamos un vuelo tipo "Vuelo con escalas entre islas" hacia Saipán. El vuelo cruzó la línea internacional de cambio de fecha y se detuvo en seis islas, incluyendo las Islas Marshall y Micronesia. Al día siguiente, llegamos a la impresionante y hermosa isla de Saipán.

Saipán es un paraíso tropical con una historia fascinante. Fue una base militar japonesa importante durante la Segunda Guerra Mundial, y los restos de esa época están por todas partes. Se pueden ver tanques destruidos en el agua, búnkeres abandonados escondidos en la selva, y casquillos de bala incrustados a lo largo de los senderos. El contraste entre un paisaje tan hermoso y los vestigios de la guerra hizo que nuestro tiempo allí fuera aún más impactante.

Cada día trabajábamos para mejorar las instalaciones de la base de Juventud Con Una Misión, y todas las tardes y noches salíamos a compartir el evangelio. Aunque esperábamos pasar hambre, la comida era abundante. Mesas largas llenas de frutas frescas, verduras, pescado, carne de cerdo, res y pollo se convirtieron en nuestro pan diario. Incluso ayudé a sacrificar un cerdo de 90 kilos, criado con cocos, lo que hacía que su carne fuera limpia y sabrosa.

Un viaje a Tinian

—Deberían ir a Tinian, la isla justo al sur de aquí. La población es pequeña, pero necesitan a Jesús —nos sugirió el líder de la base. Así que decidimos tomar el ferry de una hora hacia la isla.

Nuestro equipo estaba formado por dos parejas, tres chicas solteras y yo. Las parejas ocuparon los dos cuartos en el pequeño lugar donde nos hospedamos, mientras que las chicas se acomodaron en la sala. En cuanto a mí, el único espacio disponible fue el piso del porche con malla contra insectos.

Al acostarme esa noche, no pude evitar notar una mantis religiosa de buen tamaño colgada del techo. Su mirada fija y de ojos saltones me tomó por sorpresa. Luego, al girar la cabeza, me encontré con su madre gigante, de más de 15 centímetros de largo. Y las sorpresas no acababan ahí. Algo más llamó mi atención: Un enorme cangrejo ermitaño que se deslizaba hacia mí en la penumbra... acompañado de toda su comitiva. El lugar estaba infestado de criaturas —mosquitos, ratas y cucarachas— todos actuando como si fueran los dueños de la casa.

No puedo con esto. No hay manera de que sobreviva aquí, pensé, completamente abrumado por ese zoológico caótico. El primer día en un lugar nuevo siempre exige cierta adaptación, pero esto era otra historia. Decidido a buscar algo de alivio lejos del circo salvaje, me fui directo a la cocina y reclamé un espacio en el piso para descansar mis huesos cansados. Estoy seguro de que todavía había ratas y cucarachas cerca, pero al menos no me estaban acechando activamente.

Tinian es un lugar impresionante, especialmente por su importancia histórica en la Segunda Guerra Mundial. Fue en esta isla donde se cargaron las dos bombas atómicas antes de ser lanzadas sobre Japón, y aún se pueden ver por todas partes los restos de pistas aéreas cubiertas de maleza. El océano me cautivó particularmente, y aprovechaba cada oportunidad para correr al agua y hacer esnórquel en las zonas poco profundas dentro del arrecife.

Un día, mientras nadaba, me sobresalté cuando un tiburón gris de más de un metro entró al agua dentro del arrecife. Me dio un susto tremendo, pero no me hizo daño.

Nuestro tiempo en Tinian fue maravilloso y enriquecedor. Todas las personas que conocimos fueron increíblemente amables y receptivas al mensaje que compartimos. Cada noche comíamos como reyes, y rápidamente nos convertimos en parte de la vibrante comunidad de la isla. La calidez y hospitalidad fueron inolvidables.

Encontrarás tu pan sobre las aguas

También aprendí mucho sobre la fe y el riesgo, y esas lecciones han perdurado tanto como mis recuerdos más entrañables. Ir al aeropuerto sin dinero fue un riesgo, pero al final valió la pena. A lo largo de los años, he descubierto que, de manera natural, queremos controlar las situaciones y gestionar los peligros que enfrentamos. Anhelamos ver milagros, pero muchas veces dudamos en dar los pasos necesarios. Tendemos a evitar el riesgo con demasiada cautela.

Sin embargo, es importante recordar que el viaje lleno de riesgos de Abraham abrió el camino para todos nosotros. Seguir a Jesús implica riesgos, pero cuando vives una vida parecida a la de Abraham, la confianza crece, y te das cuenta de que no existe un riesgo real cuando el Señor es quien te sostiene.

> No existe un riesgo real cuando el Señor es quien te sostiene.

Eso es lo que significa bailar sobre las aguas: Confiar en que, si Dios te llamó, Él te llevará; y si

Él te lleva, puedes disfrutar el viaje... insectos incluidos.

Cuando se combina la fe con la confianza en la provisión de Dios, lo que parece riesgo se transforma en un camino de seguridad divina. Las experiencias que nos sacan de nuestra zona de confort suelen ser las mismas que profundizan nuestra dependencia de Él y nos permiten ver Su poder en acción.

Una cuenta bancaria llena y fondos abundantes rara vez están garantizados cuando caminas por fe. Es como si al dar un paso, te conviertes en candidato para recibir provisión. Tal como nos recuerda Deuteronomio 28:2: "Y todas estas bendiciones vendrán sobre ti y te alcanzarán, si obedeces al Señor tu Dios".

La provisión te alcanza en el camino. Salomón nos enseña este mismo principio:

> *Echa tu pan sobre las aguas,*
> *Que después de muchos días lo hallarás.*
> *(Eclesiastés 11:1)*

Esto puede hacer referencia al antiguo Egipto, donde las personas solían soltar su pan en el agua y dejar que la corriente lo llevara río abajo, con la esperanza de encontrarlo más adelante en su viaje.

Como misionero de tiempo completo, he tenido que abrazar esta verdad una y otra vez. Mi primer compromiso de apoyo misionero fue de apenas $100 dólares al mes. Cuando Mary Jo y yo nos casamos, solo podíamos contar con $400 dólares mensuales, y pronto perdimos incluso eso. Nuestra boda —incluyendo el vestido, los anillos, el lugar, las flores y la comida— nos costó exactamente $400 dólares. Mientras nos preparábamos para ese día, la provisión parecía venir de fuentes inesperadas. Se puede decir, con toda justicia, que encontramos nuestro "pan sobre las aguas" en ese día especial de 1984, cuando unimos nuestras vidas en matrimonio.

Dar ese salto de fe, salir a caminar sobre las aguas, nos abre la puerta a los milagros. Muchos soñamos con hacer grandes cosas para Dios, como caminar sobre el agua, pero a menudo pasamos por alto los milagros cotidianos y la provisión que tenemos justo frente a nosotros. No experimentaremos lo extraordinario hasta que, como Pedro, le digamos a Jesús:

"Señor, si eres Tú, manda que yo vaya a ti sobre las aguas".

En ese momento de fe y obediencia, nos volvemos receptivos a lo milagroso, atreviéndonos a salir del bote a pesar del miedo. Es en esos actos de confianza, en la disposición de ir más allá de la seguridad de la barca, donde encontramos el poder transformador de Dios.

Una casa rodante
y una oración desesperada

Después de regresar de las islas y seguir sin dinero, el camino en el ministerio parecía haber llegado a su fin. Así que me mudé de nuevo a la casa de mis padres. Desafortunadamente, para entonces ellos ya usaban mi antiguo cuarto, así que tuve que quedarme en una pequeña casa rodante estacionada al costado de la casa.

Pronto, una densa nube de desánimo comenzó a rodearme mientras pasaban los días. Caminaba sin rumbo claro, sin saber hacia dónde ir o cómo recuperar mi lugar en el ministerio al que sentía que Dios me había llamado. Pensaba: Tal vez necesito esforzarme más... o quizá simplemente no tengo lo que se necesita para ser ministro del evangelio.

Las dudas me envolvían, preguntándome si realmente era digno de recibir un salario como obrero en la viña del Señor. La condenación y la inseguridad han sido tropiezos frecuentes para mí, y durante ese tiempo pesaban más que nunca.

Una noche, un pensamiento inquietante se metió en mi mente:

Tal vez Dios ya te despidió.

Fue una temporada oscura y confusa.

Una noche, después de un largo día de trabajo, regresé cansado y completamente solo. Me senté en esa pequeña y desgastada casa rodante y comencé a quejarme con Dios.

—Todos los demás tienen un llamado tan grande e importante —le dije con amargura.

—A mí ni siquiera me están pidiendo que regrese a servir.

En ese momento de frustración y anhelo, me arrodillé y le pedí a Dios que me dejara servirle. Pensé en todas las personas que conocía y que Dios había usado para cambiar el mundo, y le supliqué que me dejara hacer lo que Él quisiera conmigo. Le rogué a Dios por mi llamado.

A diferencia del joven rico, yo no pregunté qué debía entregar para seguir a Jesús. Estaba dispuesto a darle todo: Mi vida, mis sueños, mis ambiciones —todo— si tan solo Él me llamaba. Fue un momento de rendición total, impulsado por un deseo profundo de ser usado para Sus propósitos, sin importar el costo.

> Una noche, un pensamiento inquietante se metió en mi mente: Tal vez Dios ya te despidió.

Muchos sienten que le están haciendo un favor a Dios al seguirlo. Creen que le hacen un favor a Jesús cada vez que ministran.

¡Yo no!

Yo le supliqué por mi llamado, y estoy eternamente agradecido por la oportunidad de seguirlo.

Mi recompensa no es la provisión ni el milagro —es estar con Él.

Como Pedro, no quiero quedarme esperando en la barca; quiero bailar sobre las aguas.

Gracias a Dios, mi tiempo en esa pequeña casa rodante fue corto. Reuní suficiente dinero para asistir a una escuela avanzada llamada la Escuela de Evangelismo. Allí estudiamos sobre las misiones, los pueblos no alcanzados, y conocimos a misioneros maravillosos. Estaba convencido de que debía ir a Asia, así que seguí pidiéndole al Señor que abriera una puerta.

¿La tierra exótica de... Hollywood?

Después de la fase teórica de la escuela, planeamos otro viaje emocionante. Comenzaba a desarrollar una especie de "lujuria viajera", y Filipinas parecía el destino perfecto. En ese tiempo estábamos estudiando los pueblos no alcanzados, la mayoría de los cuales se encontraban dentro de un radio de 3,200 kilómetros de Hong Kong. Asia era el lugar perfecto para los misioneros, y yo estaba ansioso por predicar el evangelio en algún rincón exótico de ese vasto continente.

Hice todos los preparativos necesarios, incluyendo las vacunas requeridas y la visa, pero el dinero que necesitaba nunca llegó. De los veinte miembros del equipo, cinco no pudimos reunir los fondos necesarios para ir.

Me sentí profundamente decepcionado cuando

nuestro líder de equipo sugirió que fuéramos a Hollywood en su lugar, para servir en un ministerio callejero llamado Centrum. Era exactamente lo opuesto al campo misionero exótico que yo había imaginado. Trabajar con jóvenes fugitivos en Hollywood, soñando con ser descubiertos, estaba muy lejos de la aventura que esperaba. Sin embargo, era la única oportunidad que podía costear en ese momento.

Así que los cinco que no logramos reunir fondos para ir a Filipinas nos subimos a la vieja van Dodge de 1967 del ministerio y partimos rumbo a Hollywood. Lo que yo consideraba mi "segunda opción" terminó siendo un campo misionero diferente, que desafió mis expectativas y transformó mi manera de entender lo que significa servir.

Centrum era un ministerio de intervención en crisis. Operábamos cuatro casas donde las personas podían quedarse una o dos noches mientras las ayudábamos a encontrar una solución más estable y de largo plazo. También teníamos una línea telefónica de emergencia que funcionaba las 24 horas del día. Personas desesperadas llamaban a cualquier hora, y nosotros salíamos a recogerlas para llevarlas con seguridad a una de las casas.

Cuando llegué, me pidieron ayudar en la casa de varones, que estaba justo a la vuelta del famoso Teatro Chino de Mann. Hasta cuarenta hombres se alojaban en esa casa de cinco habitaciones, con cada cuarto lleno de gente durmiendo en el piso.

Era un caos total. No puedo decir que lo disfruté, pero sin duda fue una experiencia que me enseñó muchísimo.

Luca, un hombre italiano de complexión grande que luchaba contra la adicción a la heroína, llegó un día a nuestra casa. Recuerdo vívidamente sus lágrimas sinceras mientras lo guiaba a recibir al Señor. De inmediato vimos un cambio increíble en él —parecía un hombre nuevo, y todos estábamos asombrados por su transformación.

Un día, cuando planeábamos ir al parque, Luca se ofreció a quedarse y cuidar la casa.

—Vayan ustedes, yo me quedo aquí y me encargo de todo —dijo.

Confiábamos completamente en él, así que salimos sin pensarlo dos veces.

Pero ese presentimiento pesado me golpeó con fuerza cuando regresamos —Luca se había ido. No solo se fue, sino que también se llevó varias cosas de la casa. Su conversión había sido solo una actuación, algo que ya había perfeccionado para manipular y engañar. Pronto escuchamos de otros ministerios que había hecho lo mismo con ellos.

Después llegó Kentay, otro adicto a la heroína, y desde el primer momento abrazó con sinceridad la oportunidad de seguir a Jesús. Su transformación fue innegable —todos podían ver el cambio en él. Oraba constantemente, leía su Biblia con diligencia y siempre estaba dispuesto a ayudar a los demás.

Una de las cosas más conmovedoras de Kentay era su conexión con otro residente que estaba en silla de ruedas. Kentay se convirtió en su ayudante fiel, siempre a su lado. Aún puedo ver la imagen de Kentay empujando la silla de ruedas de su amigo mientras oraba por él. Era un testimonio hermoso del cambio genuino que había ocurrido en su corazón.

Un día fuimos nuevamente al parque, y esta vez Kentay también nos acompañó. Todos decidieron jugar básquetbol, pero Kentay y yo nos quedamos en la orilla —ninguno de los dos era muy deportista.

—Nos faltan dos para completar los equipos —nos gritó uno—. ¡Vénganse!

Así que nos unimos al juego y corrimos de un lado a otro por un rato, sin tocar la pelota ni una sola vez. En un descanso, mientras yo trataba de recuperar el aliento, miré a Kentay. Tenía una expresión extraña... y de pronto cayó al suelo, convulsionando.

Mi primer pensamiento fue que tenía epilepsia o algo similar, así que comencé a orar. Pero entonces noté que se había ensuciado. Al levantar la vista, vi una pequeña estación de bomberos al otro lado del parque, así que corrimos a pedir ayuda. Una ambulancia llegó en menos de dos minutos. Kentay estaba inconsciente, y un paramédico lo llevó al hospital mientras nosotros regresábamos a la casa, llenos de preocupación y temor.

Después de un rato, llamé al hospital para pedir un informe.

—¿Cómo está Kentay? —le pregunté al doctor después de identificarme.

—Lamento informarle que Kentay falleció por una causa no determinada —respondió el médico.

No podía creerlo.

—¿Qué? Eso es imposible. Estaba bien y se sentía con ánimo antes de que esto pasara. ¿De qué murió? —pregunté, incrédulo.

El doctor me explicó que no había ninguna causa clara.

—No fue un ataque al corazón ni un derrame cerebral; su cuerpo simplemente se apagó, como si alguien hubiera desconectado un interruptor. Es inexplicable.

Al colgar el teléfono, vi los rostros de todos los hombres en la casa. Un pensamiento sobrio nos golpeó a todos:

"Te puedes ir en cualquier momento".

La muerte de Kentay tuvo un impacto profundo en todos nosotros. Cada persona en la casa tuvo un momento de encuentro con Jesús. Las semanas siguientes fueron, sin duda, el mejor tiempo que viví en esa casa.

Sin embargo, mi periodo de seis semanas en Hollywood estaba llegando a su fin. Me emocionaba saber que pronto viajaría a Hawái, donde mi líder de equipo, Steve —el mismo con quien fui a la Unión Soviética— estaba por comenzar una nueva escuela de Juventud Con Una Misión, enfocada en formar misioneros para Asia.

Mi momento Jonás

Unas noches antes de nuestra partida, el director de la casa decidió organizar una vigilia de oración. Alrededor de las dos de la mañana, comenzó a profetizar sobre mí, diciendo que yo debía quedarme en Hollywood.

Estaba furioso.

¿Quién se cree que es para decirme eso? —pensé— Solo está tratando de manipularme para que me quede.

Yo ya tenía mis planes: Me iba a Hawái y sería misionero en Asia.

Sin embargo, a pesar de mi enojo inicial, su profecía no dejaba de dar vueltas en mi mente. Cada vez que oraba o pensaba en ello, no podía quitarme la sensación de que, tal vez, eso era lo que Dios realmente quería para mí. La lucha entre mis propios deseos y lo que percibía como la dirección de Dios se volvió más intensa, y me obligó a enfrentarme con una pregunta difícil:

¿Estaba verdaderamente dispuesto a hacer Su voluntad, incluso si no coincidía con mis planes?

Decidí ignorar todas esas ideas y presiones espirituales, y me fui a casa para tomar mi decisión lejos de Hollywood. Así que nuestro equipo de cinco se subió a la vieja van y partimos rumbo a casa. Estaba huyendo. Ese lugar no me gustaba y solo quería salir de ahí. Me decía a mí mismo que ya estaba cansado de que la gente me manipulara y se aprovechara de mí, así que me escapé.

Llegamos a la mitad de California cuando la vieja camioneta se descompuso en un camino desierto y solitario. Había una gasolinera abandonada, así que estacionamos ahí para esperar ayuda. Caminé hacia el desierto, sintiéndome como Jonás, y grité al cielo:

—¡NO QUIERO QUEDARME EN HOLLYWOOD! ¡QUIERO IR A ASIA! ¡EXTRAÑO A MIS AMIGOS QUE ESTÁN EN HAWÁI! ¡POR FAVOR, NO ME HAGAS QUEDARME EN HOLLYWOOD!.

Sabía que podía ir a donde yo quisiera... pero esa sensación inconfundible de que debía quedarme en Hollywood no me soltaba. Al llegar a casa, decidí tomarme un tiempo para orar. Le dije a Dios:

—Ahora no hay nadie aquí para manipularme. Señor, por favor ayúdame a escuchar Tu llamado.

Y fue entonces que me llegó una claridad absoluta:

Sabía que debía regresar a Hollywood.

Recuerdo haber tomado el teléfono para llamar a mi amigo en Hawái, preparándome para que se decepcionara. Pero, para mi sorpresa, me dijo:

—Creo que estás tomando la decisión correcta.

Es increíble lo claro que podemos escuchar Su voz cuando verdaderamente estamos dispuestos a escuchar. Y aún más sorprendente es cómo Él confirma Su voluntad de maneras que nunca imaginamos.

Caminar sobre las aguas significa seguir a Jesús, no simplemente trazar tu propio camino. Todo se trata de confianza. Me di cuenta de que la voluntad de Dios no solo es buena —es perfecta.

Si hubiera ido a Hawái, nunca habría conocido a mi esposa, Mary Jo, ni habría llegado a México. Él me estaba guiando desde el principio. Solo tenía que rendirme... y seguirlo.

Este viaje no se trataba de a dónde quería ir, sino de a dónde Él me llamaba a estar —y eso fue lo que hizo toda la diferencia.

Hollywood: la secuela

Trabajé en Hollywood durante dos años y llegué a creer que ese sería mi llamado de por vida. Dirigía una escuela de discipulado para hombres entre semana, y los fines de semana predicaba en las calles.

A principios de los años ochenta, Hollywood era un lugar salvaje y peligroso, lleno de trabajadoras y trabajadores sexuales. Santa Mónica Boulevard, en West Hollywood, era uno de los principales focos. Cada fin de semana, me enfocaba en unas cuantas cuadras conocidas como "el estante de la carne". Las banquetas estaban llenas de jóvenes disponibles para ser comprados, mientras los johns (nombre que se le da a los hombres que pagan por prostitución) pasaban en sus autos buscando encuentros rápidos.

Llevaba equipos a ese lugar todos los viernes y sábados por la noche para compartir el evangelio. Nuestro punto de partida era Oki Dogs, un puesto de hot-dogs muy popular (y bastante infame). Las largas filas de clientes nos daban la oportunidad perfecta para iniciar conversaciones y compartir las buenas nuevas con personas que, de otra manera, tal vez nunca escucharían de Jesús.

El ambiente era intenso, pero eso solo hacía que el trabajo fuera más urgente. No se trataba solo de hablarles, sino de encontrarlos en medio de su dolor y sus luchas, y ofrecerles un mensaje real de esperanza y transformación.

Una cita con una drag queen

Conocí a María en Oki Dogs —era una clienta habitual, siempre una cara conocida en la fila. Un joven vestido como mujer, completamente segura de sí misma, atrevida y sin miedo. Cada vez que la veía, intentaba hablarle de Jesús. Usualmente, se reía o simplemente me ignoraba... hasta que una noche, algo cambió.

Yo caminaba detrás de ella por la calle, todavía tratando de hablarle de Jesús, cuando de repente se dio la vuelta y me dijo:

—Puedes venir a mi casa.

Me quedé helado. No era la respuesta que esperaba. Sabía que no podía ir solo, así que, sin pensarlo, le solté:

—¿Qué tal si mejor vamos por una pizza mañana en la noche?

Ella sonrió con picardía.

—Claro, es una cita.

Mientras regresaba a Oki Dogs, me cayó el veinte:

¿Acabo de hacer una cita con una drag queen?

Al día siguiente, estaba al borde del pánico. Corrí con dos chicas del equipo y les supliqué:

—Tienen que venir conmigo esta noche.

Ellas negaron con la cabeza.

—Tenemos una reunión... estamos planeando cosas.

—¡Yo compro la pizza! Hagan la reunión en el restaurante —rogué.

Después de un rato de discusión, aceptaron.

Esa noche llegamos. María abrió la puerta, completamente arreglada —pestañas postizas, maquillaje, todo el look. Sonreía de oreja a oreja... hasta que vio que no venía solo. Su rostro cambió de inmediato.

Pedí la pizza, las chicas se fueron a su mesa, y María y yo pedimos la nuestra y luego nos sentamos en otra mesa, separados. Mientras hacíamos el pedido, el tipo en la caja registradora nos miraba como si creyera saber lo que estaba pasando. María, siempre el alma del espectáculo, le guiñó un ojo y siguió el juego.

La invité a contarme su historia... y lo que me dijo me rompió el corazón. Su verdadero nombre era Antonio. Su infancia... brutal. Llena de traumas y dolores que apenas podía soportar escuchar. Encerrado en clósets durante días. Cicatrices de quemaduras en sus brazos, provocadas por la plancha caliente de su madre. El abuso fue implacable. Su única salida fue escapar. La vida en las calles se volvió una cuestión de supervivencia... a cualquier precio.

Me senté allí, con el corazón acongojado, intentando contener todo ese dolor. Y en ese espacio, podía sentir el amor de Dios —no juicio, no condenación— solo Su amor. Amor profundo, inquebrantable. Le compartí que Jesús había sentido cada herida, cada pérdida. Nada le era oculto, y jamás se apartaba.

Por un momento, las paredes empezaron a derrumbarse. El lugar se volvió silencioso. Quedó flotando una sensación de rendición... como si, tal vez, solo tal vez, hubiera espacio para que la gracia se abriera paso.

> Y en ese espacio, podía sentir el amor de Dios — no juicio, no condenación— solo Su amor.

Entonces aparecieron las chicas.

—Ya terminó nuestra reunión —dijeron—. Tenemos que irnos.

En un instante, el momento se desvaneció. La barrera volvió a levantarse. Regresó ese brillo familiar en sus ojos... pero no era real. El escudo estaba de nuevo en su lugar. El espectáculo había regresado.

Y así, la noche terminó. Cada quien tomó su camino.

Ese encuentro no fue casualidad. Fue una lección divina sobre cómo ver a las personas con ojos de amor. Jesús ve más allá de las máscaras, más allá de las defensas y la ruptura. Él ve el corazón, el dolor, el anhelo. "Y viendo las multitudes, tuvo compasión de ellas, porque estaban angustiadas y abatidas como ovejas que no tienen pastor" (Mateo 9:36).

Otra noche aterradora

Una noche, mientras caminaba de regreso a la casa que dirigía, después de un turno en la oficina donde operábamos nuestra línea de ayuda 24 horas, sabía que estaba tomando un riesgo. Era tarde, y esa parte de la ciudad no era lugar para estar solo. Pero antes de que pudiera cuestionar mi decisión, una joven prostituta corrió hacia mí y se aferró a mi brazo.

—Ayúdame —suplicó con la voz temblorosa.

Rápidamente noté la sangre que goteaba de un corte fresco en su brazo. Su vestido estaba rasgado, y temblaba, con los ojos desorbitados por el miedo, mirando a todos lados.

—Me apuñaló —dijo, conteniendo el llanto—. Por favor, ayúdame.

La urgencia me golpeó como una ola. Necesitaba ayuda, y la necesitaba ya. Y quien la había atacado probablemente aún estaba cerca.

Me di la vuelta con ella y comenzamos a atravesar las calles oscuras de Hollywood, rumbo a la oficina. Cada paso se sentía eterno; mis sentidos estaban al máximo. ¿Nos estaría observando? ¿Nos seguiría? ¿Regresaría para terminar lo que empezó? El peso del momento era abrumador, pero no había forma de dar marcha atrás.

Finalmente, llegamos. Estaba a salvo, y pudo recibir la atención médica que necesitaba. Solo entonces solté un suspiro que no sabía que había estado conteniendo. Por primera vez, me permití procesar lo cerca que habíamos estado del peligro.

Más tarde esa noche, cuando por fin llegué a casa sano y salvo, exhalé de nuevo, sacudiendo la cabeza con incredulidad. ¿Por qué siempre termino en situaciones como esta?

En ese tiempo, era bastante ingenuo. No entendía lo peligrosas que eran realmente esas calles. Pero al mirar atrás, lo veo con total claridad: el Señor me sostuvo. Siempre.

Hollywood fue mi escuela para aprender a bailar sobre las aguas. Caminar por esas calles y hablarle a la gente de Jesús era arriesgado, pero el Señor me tomó de la mano en medio de muchos peligros, trabajos y trampas. Y no me soltó jamás.

CAPÍTULO 3

LA INVITACIÓN

Y Pedro Le respondió: "Señor, si eres Tú, mándame que vaya a Ti sobre las aguas". "Ven," le dijo Jesús.

Mateo 14:28-29

Muchas veces pedimos órdenes, pero Jesús extiende una invitación. Cuando Pedro quiso hacer lo que Jesús estaba haciendo, pidió un mandato — pero Jesús lo invitó a venir.

La naturaleza humana anhela mandatos, y aun así no logramos cumplirlos. Nos gusta que nos digan qué hacer porque eso nos permite rebelarnos, resentirnos... e incluso culpar a Dios cuando fallamos. Este dilema está en el centro de lo que significa caminar por fe.

La fe verdadera requiere que confiemos en Él y caminemos no por vista, sino con el corazón. Los mandatos, aunque necesarios, a veces sofocan la respuesta natural del alma. Pero una invitación... despierta algo más profundo, nos impulsa a dar pasos de fe porque queremos, no porque tenemos que hacerlo.

He estado caminando sobre las aguas por más de 45 años. Sé que suena extremo, pero te aseguro que es verdad. Como Pedro, yo también le pedí que me mandara, pero Él me invitó a "venir".

Nunca supe cómo ni hasta dónde llegaría. Solo escuché Su invitación... y lo seguí.

Aunque mi llamado parecía estar en el ministerio urbano y en la predicación callejera, nunca fue algo que realmente disfrutara. Cada día se sentía como un sacrificio. Caminaba paso a paso, día tras día, esperando que algo cambiara. Yo creía que, si querías seguir a Jesús, tenías que hacer lo más difícil, lo que implicara el mayor sacrificio. Como dijo Jesús: "El que ha hallado su vida, la perderá; y el que ha perdido su vida por Mi causa, la hallará" (Mateo 10:39).

Sabía que tenía que perder mi vida.

Todas mis aspiraciones misioneras de ir a Asia y trabajar con personas afines tuvieron que morir.

Pero más tarde entendí que servir a Dios no se trata solo de morir al yo y sacrificarlo todo.

También se trata de vida —vida en abundancia, gozo inefable y glorioso.

Nunca fui suficiente

Antes de mudarme a Hollywood, conocí a una chica y pasé unos días con ella y sus padres en el norte de California. Fue una experiencia extraña. Cada vez que sus padres nos veían coquetear o actuar como una pareja, la llamaban aparte para reprenderla. La visita fue una montaña rusa emocional, llena de altibajos.

Al final de nuestra estancia, hablé con su padre.

—Mi hija no es la indicada para ti —me dijo, y explicó que ella pronto entraría a la escuela de enfermería y que yo no era un candidato aceptable. Pensaba que yo era demasiado joven, sin la educación suficiente, y que mi pasado me hacía inadecuado como pareja para su hija. Luego me pidió que cortara toda comunicación con ella.

Aunque ella tenía 22 años, su padre la controlaba como si aún fuera una niña. Le prometí que esperaría por ella y que respetaría sus deseos. Así que, durante un año entero, le escribí a él, no a ella, cada semana, mientras trabajaba y vivía en Hollywood, tratando de mantenerme fiel a ese compromiso, a pesar de lo difícil que era.

Después de un año de esperar con fidelidad, de escribirle al padre y orar con esperanza, recibí una carta de parte de ella:

> *Querido Diego,*
>
> *Después de mucha oración y consideración, he decidido que no eres apto para ser mi novio. No lo eres ahora, y nunca lo serás. Por favor, deja de escribirle a mi padre y de esperarme.*
>
> *Sinceramente,*
> *Elaine.*

Estaba devastado. Toda mi espera fiel y todos mis planes no habían servido de nada. Mientras la depresión comenzaba a apoderarse de mí, supe que estaba en un mal estado. La frase "no eres apto" no dejaba de rondar mi mente, haciendo eco a ese sentimiento constante de que nunca estaba a la altura.

Comencé a pensar en las amistades en las que había entregado todo, solo para terminar siendo rechazado y dejado atrás. Siempre era el último en ser elegido para los equipos deportivos en la escuela, un recordatorio constante de que nunca parecía ser la primera opción de nadie. El peso de esos recuerdos y del rechazo me hacía sentir pequeño e insignificante, como si nunca fuera suficiente.

Recordé a mi maestra de kínder, la señora Cook. Estaba completamente enamorado de ella y flotaba con cada palabra que decía. Un día, mientras jugábamos con plastilina, le hice una "pizza de barro" como una forma de mostrarle cuánto la adoraba. Pero mientras me alejé a buscar un cartoncito de leche, mi archienemigo, Carl, arruinó mi pizza y escribió sobre ella: "Carl estuvo aquí".

Furioso, actué por impulso. Justo cuando la señora Cook se acercaba, lancé la pizza de plastilina a Carl. Ella me vio y, para empeorar las cosas, me sostuvo mientras Carl presionaba la plastilina arruinada en mi cara. Ese momento, esa humillación, se sintió como el inicio de mi descalificación, como si esa escena hubiera plantado en mí las semillas de sentirme inadecuado e indigno.

Mis primeros amigos —y eventualmente mis primeras novias— también me rechazaron. Y ya como adulto cristiano y ministro, esos mismos sentimientos dolorosos volvieron con fuerza.

En ese tiempo, estaba dirigiendo una casa de rehabilitación con diez hombres viviendo ahí. Todos empezaron a decir que se me notaba la depresión, y que era un líder pésimo. Ni siquiera tenía la confianza para hablar con chicas que se acercaban, sin sentirme profundamente inseguro.

Aunque seguía leyendo la Biblia y orando, sentía como si Dios estuviera de vacaciones. Solo estaba sobreviviendo, esperando que algo cambiara. Pero en el fondo, estaba convencido de que no era apto.

Así pasaron un par de semanas... hasta que una mañana, al abrir mi Biblia, un versículo saltó de la página como si estuviera escrito solo para mí:

> *Con gozo dando gracias al Padre que nos hizo aptos para participar de la herencia de los santos en luz.*
> *(Colosenses 1:12 RV60)*

Fue como si el Señor me hablara directamente al corazón:

—Puede que no seas apto para ellos, pero para Mí... tú sí eres apto.

Y en ese instante, todo cambió. Según Jesús,

yo era tan apto como cualquier otro santo. Algo dentro de mí se rompió... y fue sanado. Ya no importaba lo que la gente pensara de mí. Una nueva seguridad brotó desde lo más profundo. Me volví más valiente. Hasta podía hablar con chicas sin tartamudear. Incluso comencé a ver a Hollywood con otros ojos — ya no como un lugar que me intimidaba, sino como un campo listo para la cosecha.

"Puede que no seas apto para ellos, pero para Mí... tú sí eres apto".

Jesús realmente sana a los quebrantados de corazón. Sus palabras me dieron la confianza y la libertad que tanto anhelaba. Por fin entendí que mi valor no venía de mis habilidades, mi imagen o la opinión de otros... venía de Él.

A los ojos de Jesús, yo era apto.

Y Su opinión pesaba más que cualquier otra.

El amor de Dios echa fuera todo temor. Y cuando comprendí Su amor... el miedo al rechazo y la inseguridad perdieron su poder sobre mí.

Así que... ¿esto es México?

—¿Podrías mudarte a la base en los suburbios y dirigir la escuela de discipulado de seis meses? —me preguntó el director del ministerio. Estaba emocionado. La idea de formar a otros misioneros y viajar por el mundo me parecía fascinante. Pero luego pensé: Tienes que sacrificarte y quedarte en Hollywood.

Después de orar, decidí que podía tomarme una temporada para dirigir la escuela, pero en mi corazón sabía que tendría que volver a Hollywood después. Era mi cruz, y acepté ese llamado con un sentido de responsabilidad.

Me mudé a Lake View Terrace, un suburbio ubicado en las faldas del Valle de San Fernando. Los estudiantes llegaron en enero de 1983, y las aventuras comenzaron. Cada semana recibíamos a distintos maestros que traían un tema único y esencial para preparar a los estudiantes en el campo misionero.

Nuestra primera salida como escuela nos llevó por el suroeste de Estados Unidos, hasta llegar a El Paso, Texas, y Ciudad Juárez, México. En ese tiempo, Juárez no era precisamente la mejor representación de México. Recuerdo la tierra árida, el fuerte calor, y la gran cantidad de personas en necesidad que conocimos.

Uno de los momentos más memorables del viaje fue cuando viajamos cuatro horas al suroeste hasta Ignacio Zaragoza, un pequeño pueblo en Chihuahua, México. Era mi primera visita a un pueblo mexicano, y me enamoré al instante de su gente.

Con el tiempo me di cuenta: Esa fue mi primera experiencia auténtica con México.

De niño, mi percepción de México se formó por historias de viajes a Disneyland y Tijuana, de donde todos regresaban con frijoles saltarines, látigos, navajas y sombreros. México nunca me atrajo demasiado —mi corazón apuntaba a Asia, buscando lo "exótico". Pero esa visita a Chihuahua lo cambió todo. Después de ese viaje, comencé a ver a México como un verdadero campo misionero, lleno de gente con culturas ricas en tradiciones y necesidades profundas. Fue un punto de quiebre que me abrió los ojos a un llamado que no había anticipado.

No todos los llamados son cruces

Cuando terminó la escuela de discipulado de seis meses, mi gran amigo y director, Ron, me pidió que dirigiera otra.

—No puedo hacerlo —le dije—. Quiero... pero tengo que regresar a Hollywood.

Me preguntó por qué, y le respondí:

—Aunque deseo dirigir otra escuela de discipulado, tengo que volver a Hollywood porque es mi cruz que llevar, aunque no me gusta.

Ron me miró y me dijo algo que me cayó como un balde de agua fría:

—Dios no siempre te llama a hacer lo que no quieres. La voluntad de Dios es buena, agradable y perfecta.

Sus palabras me abrieron los ojos. Me di cuenta de que, aunque el Señor prueba nuestra fe y compromiso, Él también desea lo mejor para nosotros.

Servir al Señor es lo más satisfactorio que uno puede hacer. ¡Es un gozo hacer lo que Él quiere que hagamos!

> *Deléitate asimismo en Jehová,*
> *Y él te concederá las peticiones de tu corazón.*
> *(Salmo 37:4 RV60)*

Ese momento cambió mi forma de entender lo que significa seguir a Dios. No se trata solo de sacrificio y lucha... también se trata de gozo, propósito, y la hermosa sorpresa de lo que encontramos en el camino.

Así que dirigí la siguiente escuela de discipulado, que comenzó en julio de 1983, y disfruté cada minuto. Mi amigo Rodrigo, un gran músico, se unió al equipo, y juntos dirigíamos la alabanza y componíamos música. Más adelante, viajamos por el suroeste de los Estados Unidos y nos adentramos profundamente en México. Enseñábamos a los estudiantes, tocábamos música, creábamos dramas y buscábamos maneras creativas de predicar el evangelio.

Se necesitan dos para bailar tango

Una chica linda llegó a la escuela de discipulado, pero yo ya había aprendido la lección —no estaba buscando una relación romántica.

Después de que terminó el curso de seis meses, esa chica linda, Mary Jo, se unió al equipo de trabajo. Muy pronto, Rodrigo, Mary Jo y yo nos volvimos inseparables.

Un día, mientras conversábamos, le dije a Mary Jo:

—Estar contigo es como estar con Rodrigo.

Lo dije como un cumplido... pero casi me deja por eso. Hasta hoy, todavía me lo recuerda.

Un fin de semana, durante la tercera escuela de discipulado que dirigí, Mary Jo tuvo que viajar a casa. Al principio no le di mucha importancia, pero de repente me di cuenta de cuánto la extrañaba. El pensamiento me cayó como un balde de agua fría: ¡Oh no! ¡Estoy repitiendo esto otra vez! ¡Me gusta Mary Jo!

Decidido a "matar" esos sentimientos, salí a caminar por un campo cercano, completamente dispuesto a renunciar a la relación y arrepentirme por sentir algo por ella. Pero mientras caminaba y oraba, otro pensamiento, mucho más suave, vino de parte del Señor ¿Y si es Mi voluntad? Fue como si Dios me estuviera empujando con ternura a dejar de resistirme y dar un paso hacia adelante... para ver qué podía pasar.

Como soltero, esa es una lección difícil de aprender: No puedes forzar una relación —se necesitan dos para bailar tango. Nunca se desarrollará si la otra persona no está dispuesta a correr el mismo riesgo. Pero cuando dos personas escuchan el mismo llamado y deciden salir del bote y caminar sobre las aguas juntas, la dinámica es sencillamente increíble.

Cuando Mary Jo regresó, yo estaba emocionado por verla, pero me guardé los sentimientos. Ella se dio cuenta de que algo pasaba, pero ninguno de los dos dijo nada. Había una tensión romántica en el aire, mientras yo esperaba el momento adecuado para dar el siguiente paso.

Unos días después, abordamos el autobús y partimos a México por un viaje de dos meses. Durante las paradas, donde servíamos y predicábamos el evangelio, Mary Jo y yo solíamos caminar juntos en nuestro tiempo libre. Caminábamos hombro con hombro, riendo y platicando como si nos conociéramos de toda la vida. Pero a pesar de la conexión tan natural que teníamos, ella no dejaba de preguntarse: ¿Qué está pasando con este tipo? ¿Por qué no me ha pedido que sea su novia?

Más adelante me preguntó por qué no dije nada sobre la relación en ese entonces. La verdad era que estaba esperando llamar a mi amigo y director de escuela, Ron, para asegurarme de que estuviera bien si comenzaba a salir con ella. Quería hacer las cosas bien, aunque eso significara aguantarme cuando todo dentro de mí quería dar el paso.

No quiero ser tu novia

Nos detuvimos unos días en Mazatlán para descansar y disfrutar la playa. Después de instalar las casas de campaña en un campamento, Mary Jo y yo salimos a caminar. Un hotel cercano tenía un teléfono público, así que le pedí a Mary Jo que esperara y marqué el número de Ron.

—¡ME GUSTA MARY JO! —grité a través de la mala conexión—. ¡QUIERO PEDIRLE QUE SEA MI NOVIA!

Lo único que Ron respondió fue:

—¡Hazlo!

Por supuesto, Mary Jo escuchó todo lo que grité. Bajamos a la playa y encontramos un lugar tranquilo sobre un tronco, viendo cómo las olas chocaban contra la orilla. Sentía la anticipación creciendo mientras finalmente reunía el valor para preguntarle:

—¿Quieres ser mi novia?

La respuesta de Mary Jo no fue exactamente la que esperaba:

—No, no quiero tener novio.

Mi corazón se hundió por un momento... hasta que agregó:

—Quiero casarme.

Lo que empezó como una simple propuesta

para comenzar una relación se convirtió, de pronto, en planear una boda. No era la respuesta que anticipaba... ¡era aún mejor! Decidimos casarnos el quince de diciembre de 1984. El único problema era que faltaban menos de seis semanas.

"No, no quiero tener novio".

—¿Cómo que el quince? ¡Ni siquiera conocemos a Diego! —exclamó mi futuro suegro por teléfono, mientras Mary Jo le contaba la noticia.

Estaba molesto de que su hija se fuera a casar con alguien a quien jamás había visto. Así que cargamos mi Toyota Corolla 1978 y manejamos desde Los Ángeles hasta San José, California... besándonos todo el camino.

Cuando finalmente nos conocimos en persona, mi suegro dijo:

—Estamos de acuerdo con la boda, pero el quince es muy pronto.

Así que le expliqué todo sin rodeos:

—Mire, Mary Jo y yo vivimos en la misma propiedad, y siempre estamos juntos. Si no nos casamos antes de enero, tendremos que esperar al menos siete meses... y seamos sinceros, eso es mucho tiempo para resistir la tentación.

Él asintió, procesándolo todo. Y sin pensarlo mucho, dijo:

—Ah, ya veo. Entiendo. Será el quince.

Y así, problema resuelto.

En ese momento, no estaba en condiciones

de formar una familia. No tenía ingresos estables, y todo lo que poseía era un Toyota Corolla con 200,000 kilómetros y una guitarra barata. Casarme se sentía como otro paso fuera del bote, sobre el agua. Pero confiábamos en que Jesús nos había llamado a estar juntos, y sabíamos que Él nos sostendría.

Mientras escribo esto, estamos por celebrar nuestro aniversario número 41, así que sé que dimos el paso correcto. El Señor incluso nos permitió tener nuestra luna de miel en el Parque Nacional Yosemite, uno de los lugares favoritos de Mary Jo. Ella es mi alma gemela, mi inspiración y mi mejor mitad. No solo fuimos llamados a caminar juntos... fuimos llamados a bailar sobre las aguas juntos.

> No solo fuimos llamados a caminar juntos... fuimos llamados a bailar sobre las aguas juntos.

Enseñar y Aprender

Después de nuestra luna de miel, nos sumergimos nuevamente en la dirección de las escuelas de discipulado durante los siguientes tres años. Si realmente quieres entender algo, intenta enseñarlo. Recibimos maestros increíbles y estudiamos sobre misiones, pero la mayor parte de nuestro crecimiento vino de la experiencia de enseñar a otros.

Constantemente me sentía desafiado a aprender cómo liderar personas, dirigir la alabanza y profundizar mi relación con Dios. Mary Jo y yo también aprendimos el uno del otro, creciendo como pareja a través de cada nueva experiencia. Enfrentamos situaciones desafiantes y fuimos testigos de cómo las luchas de la vida pueden dejar cicatrices muy profundas. Los estudiantes eran grandes amigos y siervos honestos del Señor, pero muchos cargaban con pesos muy pesados y heridas grandes.

Susan, una joven a quien habíamos ayudado a salir de la prostitución en Hollywood, se unió a una de nuestras escuelas. Estaba decidida a dejar su pasado atrás y crecer como nueva creyente. Tenía una hijita que había vivido un verdadero infierno mientras su madre trabajaba en las calles. Cada noche, a las ocho en punto, como si fuera un reloj, la niña comenzaba a gritar y a retorcerse, su voz bajaba a un tono grave y escalofriante, como sacado de una película de terror.

Yo sabía que era un demonio atormentándola, así que, con el consentimiento de su madre, oramos con fervor por liberación... pero nada parecía cambiar. Noche tras noche, durante tres largos meses, la niña gritaba y lloraba hasta quedarse dormida. Era doloroso presenciarlo, y seguíamos orando por un milagro que parecía dolorosamente lento en llegar.

Durante una salida misionera, nos hospedamos en una iglesia en El Paso, Texas. Los estudiantes se acomodaron en los salones de escuela dominical para dormir. A las ocho en punto, los gritos desgarradores volvieron a romper la calma, provocando un escalofrío en todos. Recuerdo haber orado en silencio:

—Señor, ¿por qué sigue ocurriendo esto? ¿Qué se necesita para que sea libre?

Entonces me vino un pensamiento: Es culpa de su madre.

No quería añadir más culpa a la vida de Susan, así que no iba a decírselo de esa forma. Pero luego entendí: No se trataba de culpa... sino de fe.

Susan creía que el tormento de su hija era un castigo directo por su vida pasada. En lo más profundo, pensaba que merecía el sufrimiento.

Me senté con Susan una vez más para orar.

—¿Crees que Dios te ha perdonado? —le pregunté—. Como madre y como seguidora de Jesús, tienes toda la autoridad. Debes creer y tomar esa autoridad sobre la vida de tu hija. Cree que puede ser completamente libre.

Los ataques se detuvieron cuando Susan oró con convicción y tomó autoridad sobre la situación. Su hija se volvió una niña encantadora, y su transformación fue un testimonio vivo del poder de Dios por medio de la fe y el perdón.

Más al sur

—Necesitamos ir más al sur en México —me dijo Ron un día. Me explicó que había manejado por una zona selvática y hermosa de México durante un viaje a Guatemala y que quería explorar más. Así que empacamos mi fiel Toyota Corolla y nos pusimos en marcha.

Era 1985, antes de que existieran autopistas de cuatro carriles en la costa oeste de México. Manejamos sin parar hasta Mazatlán en 24 horas, atravesando carreteras angostas y sinuosas que cortaban los cerros. Era temporada de lluvias, y el último tramo fue de alto riesgo. Los camiones bajaban a toda velocidad, invadiendo nuestro carril, y más de una vez estuvimos a punto de ser sacados del camino. Cuando por fin llegamos a Mazatlán, estaba enfermo de puro agotamiento y estrés.

Después de un merecido descanso y algo de recuperación, Ron y yo nos sentamos en nuestra habitación de hotel para orar por dirección.

—Tuve una visión de un cerro verde con punta —le dije a Ron.

—Yo sigo escuchando a Jesús llamándonos más al sur —respondió él. Así que continuamos nuestro viaje hacia el sur.

Mientras manejábamos por Nayarit, como a tres horas al sur de Mazatlán, algo llamó mi atención. Ahí estaba, el cerro verde con punta que había visto en mi visión en Mazatlán.

Estaba justo en una intersección con un camino que llevaba a Tuxpan, un pueblo en Nayarit.

—¡ESE ES EL CERRO DE MI VISIÓN! —le grité a Ron.

Él mencionó que tenía contacto con un pastor local, así que tomamos el camino hacia Tuxpan, sintiéndonos más seguros que nunca de estar en el camino correcto. Finalmente, encontramos al pastor, quien vivía en una casita de un solo cuarto con su esposa y cuatro hijos. Pronto nos dimos cuenta de que no era posible llevar un equipo a quedarse con él, y además no parecía muy interesado en recibirnos.

Así que decidimos seguir nuestro viaje al sur. Sin embargo, mientras hablábamos con el pastor, se nos acercó un joven que quería comunicarse con urgencia, aunque el idioma era una barrera. Ron sabía solo un poco de español; yo no sabía ni una palabra. A pesar del desafío, insistió en que fuéramos a Rosamorada, un pueblo al norte que ya habíamos pasado.

El joven pidió que lo lleváramos de regreso a la intersección donde pensábamos girar hacia el sur, pero al llegar ahí, se negó a bajarse del coche. "Al norte. Rosamorada", repetía una y otra vez, hasta que finalmente cedimos y dimos la vuelta, rumbo al norte.

En Rosamorada conocimos a María, quien hablaba perfecto inglés y nos dio la bienvenida a su pequeña propiedad. Mientras nos mostraba su casa y su patio, no pude evitar pensar: Aquí sí podríamos traer un equipo.

Le pregunté:

—¿Te gustaría que trajéramos un equipo para visitar y compartir el evangelio?

—Eso es exactamente por lo que he estado orando —respondió con esperanza iluminando su rostro.

Eso es lo que significa caminar sobre el agua —seguir a Jesús cuando nos invita a dar un paso y confiar en que Él hará posible lo imposible.

Rosamorada se convirtió en nuestro proyecto. Con el tiempo compramos un terreno y construimos una pequeña iglesia ahí. La zona era dura y calurosa, llena de insectos y animales con talento para picar y morder.

Jamás imaginé que ese simple paso de fe nos llevaría a Tepic, la cercana capital del estado, y eventualmente a plantar una iglesia vibrante en Tuxpan. Es increíble mirar hacia atrás y ver que todo comenzó con una simple visión de un cerro verde con punta.

El difícil viaje de regreso a casa

El regreso a Los Ángeles fue aún más desafiante que nuestro viaje a México. Después de dieciséis horas en carretera, necesitábamos con urgencia un lugar donde descansar. Yo estaba delirando del agotamiento de manejar tanto, así que decidimos parar cuando vimos un hotel viejo alrededor de las diez de la noche.

El lugar estaba sucio y daba mala espina. Detrás del mostrador había un hombre enorme que parecía sacado de una película de terror. Se ofreció a mostrarnos la habitación antes de pagar, y lo seguimos a regañadientes por un pasillo oscuro. Al cerrar la ventana, salieron volando insectos por todas partes, haciendo que el lugar se sintiera aún más siniestro.

Cuando entramos a la habitación, el hombre se fue por una esquina para encender algo. Ron y yo salimos disparados al carro sin decir una palabra, con el corazón latiendo a toda velocidad. Mientras salíamos del pueblo, reímos nerviosamente por la escapada.

—¿Qué fue eso? —preguntó Ron, con los ojos bien abiertos.

—No sé —respondí, todavía sin aliento—. Pero sentí algo malo en ese lugar... y solo quise correr.

> Sentí algo malo en ese lugar... y solo quise correr.

Ya fuera el cansancio, la paranoia o algo más, sabíamos una cosa con certeza: teníamos que seguir hasta el siguiente pueblo. Fue una llamada muy cercana... o al menos así se sintió, y nos sentimos aliviados de volver a la carretera, lejos de lo que sea que nos asustó.

Más tarde esa noche, con Ron profundamente dormido a mi lado, seguí manejando, desesperado por encontrar un lugar donde quedarnos. Como a las dos de la madrugada vi un pequeño hotel al costado de la carretera y decidí parar. No quise despertar a Ron, que era el que mejor hablaba español, así que reuní lo poco que sabía y toqué la puerta, esperando que alguien respondiera. Después de lo que pareció una eternidad, una señora con cara de agotada entreabrió la puerta. Con nerviosismo solté:

—Dos personas.

Para mi sorpresa, me respondió en inglés perfecto, avisándome amablemente que no había habitaciones disponibles. Le di las gracias y regresé al carro, dándome cuenta de que teníamos que seguir. Se estaba convirtiendo en una de las noches más duras de mi vida.

Mientras seguía avanzando, la carretera parecía no tener fin, y cada kilómetro era más agotador que el anterior. Nos topamos con todo tipo de peligros —animales salvajes cruzando la carretera y conductores que parecían haber perdido la cabeza. A ratos, el cansancio me hacía confundir la realidad con alucinaciones. Sabía que era una locura seguir manejando así, pero la idea de parar en un lugar desconocido tampoco me convencía.

De alguna manera, logramos pasar la noche, impulsados tanto por nuestra determinación como por el motor del carro. Mirando atrás, fue un milagro haber llegado a casa sin parar, y nunca me he sentido tan aliviado de ver los lugares conocidos de mi ciudad después de un viaje tan implacable.

Llegué muy enfermo. Recuerdo haberme desmayado en el baño de puro agotamiento. Me tomó varias semanas recuperarme... pero valió la pena. Ya teníamos un contacto más al sur de México.

Aceptar la invitación es un estilo de vida

Como Pedro, Jesús nos invita a venir, y nuestra respuesta en fe abre la puerta para que Dios haga cosas que jamás hubiéramos imaginado ni planeado. Es una experiencia maravillosa... pero también ligeramene aterradora a veces.

Recuerdo un incidente hacia el final de un viaje misionero en México. Íbamos de regreso a la frontera con un autobús lleno de treinta y cinco estudiantes. Al acercarnos, notamos un patrón inquietante: las gasolineras estaban vacías, sin combustible disponible. El conductor me dijo con preocupación:

—El tanque del autobús es grande, pero no vamos a llegar mucho más lejos sin llenar.

Tal como lo predijo, el autobús empezó a fallar justo cuando rodábamos hacia la última gasolinera antes de cruzar. Pensé que habíamos evitado por poco un desastre, pero mi alivio duró poco. El despachador anunció:

—Hay una huelga nacional de gasolina. No van a encontrar combustible.

Me quedé mirándolo, incrédulo, mientras la realidad se hundía. Estábamos varados en el desierto con un autobús lleno de estudiantes y sin manera de avanzar. Era uno de esos momentos en los que uno se ve obligado a depender completamente de la fe, sabiendo que solo un milagro podría sacarnos del apuro.

Los estudiantes comenzaron a quejarse, y el ambiente se volvió tenso. Ellos querían llegar a casa incluso más que yo. Salí a buscar algo de sombra detrás de unos tanques grandes de gasolina. "¿Por qué tiene que ser tan difícil, Señor?", pregunté. Estábamos tan cerca de casa, pero atrapados en el desierto sin combustible.

Entonces, cuando todo parecía perdido, aparecieron dos Ángeles Verdes de la nada. Ahora bien, antes de que pienses que estoy alucinando, déjame aclarar. En México existe un servicio de auxilio vial llamado Ángeles Verdes, una flotilla de camionetas que patrullan las carreteras para ayudar a automovilistas varados con problemas mecánicos, falta de combustible o llantas ponchadas. Sin embargo, son pocos y es raro encontrarlos. Así que cuando esas dos camionetas se detuvieron junto a nosotros, no lo podía creer.

"¿Por qué tiene que ser tan difícil, Señor?".

Vieron nuestra necesidad urgente y de inmediato tomaron el control de la situación. Teníamos dos bidones de veinte galones, así que amablemente me llevaron al otro lado de la frontera, a una media hora de distancia, para comprar suficiente gasolina y poder continuar. Con su ayuda, llenamos el tanque y regresamos a casa sanos y salvos.

Una vez más, el Señor nos sostuvo, proveyendo una salida cuando todo parecía imposible. El trayecto por el desierto puso a prueba nuestra fe y la fortaleció.

Las invitaciones de Dios a caminar—y bailar— por fe seguían llegando. Y con muy poco dinero, realizamos numerosos viajes a México, al suroeste de Estados Unidos, e incluso a Brasil durante esos años. Cada viaje fue una aventura, un desafío lleno de obstáculos, pero el Señor nos llevó de la mano. Mirando hacia atrás, me doy cuenta de que estábamos caminando sobre el agua... aunque en su momento no siempre lo supimos.

CAPÍTULO 4
¡LÁNZATE!

Así también la fe por sí misma, si no tiene obras, está muerta.

Santiago 2:17

En Juventud Con Una Misión Los Ángeles, estudiábamos y enseñábamos sobre misiones mundiales sin parar. Cada día estaba lleno de ideas, clases y discusiones interminables. Pero después de un tiempo, tanto hablar, planear y teorizar me volvió loco. Quería levantarme y gritar: "¡Ya basta de teoría —vamos a hacerlo de una vez!".

Habíamos pasado meses preparándonos, pero yo ya estaba harto de solo pensarlo. Estaba listo para lanzarme, sin importar el costo.

Era 1986, y planeaba llevar un equipo a Nayarit, México. Íbamos a subir por la sierra para visitar una comunidad indígena que estaba en la lista de pueblos no alcanzados.

El viaje por fin se dio a finales de marzo. Salimos de Los Ángeles antes del amanecer con más de treinta estudiantes apretados en un autobús escolar y una camioneta van, listos para la aventura y el servicio. Nuestra primera parada fue una iglesia en

Arizona donde pudimos descansar y prepararnos. En el gimnasio de la iglesia, no pude resistirme a trepar una cuerda. Pero en mi entusiasmo, sentí un tirón agudo en la espalda. No es grave, pensé, y lo dejé pasar.

Al día siguiente, continuamos hacia una iglesia en Hermosillo, Sonora. Dormir en el piso de la iglesia ya de por sí era incómodo, pero el dolor en la espalda lo hizo mucho peor. Cuando desperté, mi espalda ya no daba más —se me trabó por completo.

Mientras los estudiantes servían a Jesús con pasión, alcanzando a la gente y apoyando a la iglesia local, yo estaba tirado sobre mi sleeping bag, plano en el piso, intentando superar el dolor. Escuchaba la vida a mi alrededor, pero lo único que podía hacer era repetirme: "Así es esto. Sabías el precio cuando decidiste liderar este equipo, Diego. Aguanta. Pronto vas a mejorar".

Después de dos días en cama, me sentí lo suficientemente bien como para continuar el viaje. Viajamos a un pequeño pueblo en Sinaloa para visitar a nuestro amigo, el Pastor Rocha. Él abrió su casa para nosotros, y acampamos en su propiedad. Usábamos su letrina, nos bañábamos con una manguera, y cocinábamos nuestras comidas al aire libre.

Las tardes en ese pequeño pueblo eran encantadoras. Nos sentábamos alrededor de una fogata, tomando café con leche y pan, compartiendo y reflexionando sobre los eventos del día. La comida era deliciosa, y aún recuerdo el olor de las brasas. Disfrutamos de carne asada, pescado a la parrilla, pollo rostizado y cerdo en cada lugar que visitábamos.

La comida mexicana es la mejor, especialmente cuando la preparan señoras mayores con mucha experiencia. No hay nada como eso. Desafortunadamente, a veces la higiene sufre por el calor, la humedad, los insectos y la falta de refrigeración. Resultó que, en esta ocasión, comí algo contaminado... y Moctezuma me pasó la factura.

Teníamos un horario apretado y debíamos continuar el viaje, así que salimos al día siguiente a pesar de mis intestinos en rebelión.

Nuestra siguiente parada fue Mazatlán, Sinaloa, donde acampamos en la playa y nos bañábamos en un parque de casas rodantes. Mientras todos disfrutaban del mar y la arena, yo no lograba mejorar físicamente. El calor era sofocante, y yo tenía fiebre, así que necesitaba encontrar un lugar con sombra para descansar.

Sin embargo, era la semana antes de Pascua, o Semana Santa, un período vacacional muy popular en México. Caminé por un sendero apartado en busca de sombra, pero había gente por todos lados. Cada vez que veía un árbol o una zona sombreada, ya había personas descansando allí.

Sabía que tenía que ser fuerte y aguantar, así que tomé algo de medicina y me acosté a dormir en la van, que estaba como un horno. "Así es esto.

Sabías el precio cuando decidiste liderar este equipo", pensé otra vez, mientras sudaba a chorros acostado allí.

Finalmente, llegó el día en que nos dirigiríamos al sur hacia Nayarit para nuestra aventura con el grupo indígena. Manejamos hasta el pequeño pueblo de Rosamorada, Nayarit. En una aventura anterior, mi amigo Ron y yo habíamos conocido a una mujer llamada Rosa, quien tenía una casa con suficiente espacio para que acampáramos.

Ella invitó a Mary Jo y a mí a quedarnos en un cuarto dentro de su casa, mientras los estudiantes armaban sus tiendas de campaña en su terreno.

Tifoidea

Tan pronto como llegamos, montamos el campamento: cavamos un hoyo para la letrina, colocamos cuatro postes en el suelo con una lona alrededor y una manguera por encima para la ducha, e improvisamos una cocina con una lona para protegernos del sol.

Después de terminar todo, estaba agotado, y la fiebre se me disparó. Así que, al día siguiente y a regañadientes, mi esposa y un miembro del equipo me llevaron al pueblo más grande y cercano para ver al médico.

El doctor me tomó una muestra de sangre, y después de una rápida ida al laboratorio, recibimos los resultados. Recuerdo haber intentado leerlos, pero como todo estaba en español, solo reconocí la palabra "normal". Pensé: Debe estar todo bien.

Pero se me cayó el alma al suelo cuando el doctor revisó los resultados y vi su expresión.

—Ti-foi-de-a —dijo, moviendo la cabeza.

Después de un intento muy lento por entender, me cayó el veinte: Estaba diciendo tifoidea. ¿Tengo tifoidea? Voy a morir, pensé. Me entró el pánico.

> ¿Tengo tifoidea? Voy a morir.

Pero el doctor me tranquilizó y me hizo entender que no era fatal.

—Necesitas tomar el medicamento que te voy a dar y guardar reposo en cama durante diez días —me dijo.

Así que, después de viajar más de 2,400 kilómetros, terminé descansando en cama por diez días. Qué desperdicio, me dije. Había estado tan harto de estar sentado solo hablando, y ahora estaba sentado... pero enfermo. Bueno, así es esto. Sabías el precio cuando decidiste liderar este equipo.

Por supuesto, no era un descanso en cama ortopédica con aire acondicionado y almohadas suaves. Estaba tirado en el suelo de un cuarto pequeño, con ventanas de madera, soportando el peor calor, humedad y olor a drenaje que puedas imaginar. Si abría las contraventanas, unos diez niños del vecindario se quedaban viendo fijamente al gringo loco que había venido desde tan lejos solo para quedarse acostado.

Podía escuchar a las ratas corriendo por el techo, e incluso ver sus colas colgando entre las tejas. El baño era un hoyo en el suelo, y cada vez que me daba diarrea tenía que correr frente a todos en el campamento para llegar.

La medicina fue otro problema. El doctor me dio cuatro pastillas distintas.

—Toma una cada cuatro horas, otra cada seis, otra cada ocho y otra cada doce —me dijo. El problema era que lo que me dio me hacía sentir drogado, así que no podía llevar la cuenta de cuál pastilla me había tomado ni cuándo.

Lo más difícil de esos diez días era escuchar, cada noche, las historias asombrosas que compartían los estudiantes. Contaban sus experiencias y todo lo que el Señor estaba haciendo durante su visita. Me alegraba que Dios los estuviera usando y que estuvieran disfrutando, pero al mismo tiempo me sentía frustrado —conmigo mismo y con el Señor. Me sentía inútil. No quería desperdiciar esta oportunidad, pero no había nada que pudiera hacer más que acostarme, sudar e intentar dormir.

Ajustamos el plan para que pudiera ir a la comunidad indígena después de los diez días de estricto reposo. Si logro descansar bien, creo que puedo hacerlo. Tal vez todavía pueda rescatar este viaje, pensaba. En la novena noche, estaba decidido:

¡Tengo que dormir bien! Si logro dormir profundamente esta noche, mañana despertaré con fuerzas, listo para la aventura.

¿Alguna vez te has acostado con esa firme determinación de dormir profundamente... solo para sentir que ya la arruinaste desde el principio? Ese era yo. Me acosté en shorts, boca abajo sobre el piso, con Mary Jo a mi lado. El sueño estaba por alcanzarme cuando —de repente— algo cayó directamente sobre mi espalda desnuda.

> Una asquerosa rata había caído del techo y aterrizado sobre mi espalda.

¡Estos estudiantes!, pensé en esa fracción de segundo. Seguro están bromeando. ¡Este no es momento para juegos! Pero lo que sea que había caído, comenzó a moverse... y luego salió corriendo.

Instantáneamente, me levanté de un salto y encendí la luz justo cuando Mary Jo soltó un grito que helaba la sangre. Una asquerosa rata había caído del techo y aterrizado sobre mi espalda. Sin pensarlo, Mary Jo salió corriendo del cuarto, gritando por todo el pasillo.

La adrenalina me invadió. Entré en modo cazador-implacable. Agarré lo primero que encontré —una chancla— y me lancé al ataque, con la mirada fija en el bicho escurridizo. La rata corría de un lado a otro, pero yo no le daba tregua, persiguiéndola por toda la habitación con la furia de un hombre poseído.

Finalmente, la acorralé. Con un movimiento rápido y decidido, bajé la chancla con toda la fuerza acumulada de mi frustración. La rata se estremeció una vez... y luego quedó inmóvil.

Respirando con fuerza, la tomé por la cola, su cuerpo sin vida colgando mientras caminaba hacia la puerta. Afuera, los gritos de las chicas rompían el silencio de la noche, pero a mí no me importaba. Con todas mis fuerzas, lancé la rata al patio del vecino, viéndola volar por la oscuridad.

De regreso al cuarto, declaré con firmeza:

—Ahora sí, me voy a dormir.

Nos volvimos a acostar, y el cansancio del día finalmente me venció. Me estaba quedando dormido cuando la voz de Mary Jo me sacó de ese limbo entre la vigilia y el sueño. Fue un susurro tenso:

—¿Escuchaste eso? Creo que hay otra rata...

Sentí que el corazón se me hundía. Me levanté con resignación y encendí la luz. La habitación estaba vacía. Nada de ratas.

—Por favor, déjame dormir. Si descanso bien, me voy a mejorar. Hagas lo que hagas... no me despiertes otra vez —supliqué, dándome la vuelta y rogando que el sueño, por fin, me alcanzara.

Con los medicamentos y la enfermedad pesando sobre mí, finalmente caí en un estado de medio sueño. Pero algo comenzó a roer los bordes de mi conciencia. Era una sensación molesta, inquietante, que mi mente enferma y medio dormida no podía ignorar.

Aunque yo no reaccioné del todo, Mary Jo estaba completamente despierta, escuchando con atención. Alguien estaba caminando alrededor del campamento, su voz cortando la quietud de la noche mientras gritaba en español. Después de lo que pareció una eternidad, escuché vagamente el susurro urgente de Mary Jo atravesando la neblina de mi mente:

—Diego, Diego... alguien está gritando.

No lo podía creer. ¿Qué más tiene que pasar para que pueda dormir una noche completa? Dios, ¿me odias? ¿Por qué me estás torturando? Solo quería una noche de descanso...

Aturdido y desorientado, salí tambaleándome y me encontré con un hombre bajito y delgado —apestando a alcohol— con un perro sarnoso a su lado. Su ropa colgaba de su cuerpo frágil, y sus ojos salvajes se movían por todos lados mientras caminaba por nuestro campamento, gritando incoherencias sobre que quería una "gringa". El aire estaba tenso. Todos los estudiantes se habían refugiado en sus tiendas, paralizados por la inesperada intrusión.

Me acerqué con cautela, tratando de evaluar la situación.

—Vete —le dije con firmeza en español. Pero me ignoró, y sus gritos borrachos continuaron sin cesar. Por un momento me frustré, pero luego me di cuenta de que no era una amenaza real —solo un alma perdida, ebria y triste.

Lo tomé del brazo y lo llevé por la calle.

—Adiós —le dije al soltarlo en la oscuridad, con la esperanza de que encontrara su camino de regreso. Exhausto, volví al campamento y una vez más anuncié:

—Me voy a dormir. ¡Y no quiero que nadie me despierte!

Finalmente me derrumbé en el suelo y caí dormido. Pero cuando desperté al décimo día, mi cuerpo estaba tan agotado y enfermo como el primer día. Las pocas horas de sueño que logré no eran suficientes para recuperarme.

Mientras yacía ahí, el peso de la decepción me aplastaba. ¿Para qué vine a este viaje tan tonto? La pregunta me rondaba una y otra vez, burlándose de mí. Había salido con el deseo de hacer algo grande para Jesús, pero ahí estaba —tirado de espaldas, completamente inútil— mientras los demás cuidaban de mí.

Un paso a la vez

A pesar del agotamiento, emprendimos el viaje hacia la aldea indígena en el décimo día. No sabía si tenía fuerzas para lograrlo, pero me aferré a la promesa de Deuteronomio 33:25:

"Como tus días serán tus fuerzas".

Con cada paso, me obligaba a seguir, repitiendo ese versículo una y otra vez como un mantra sagrado. La caminata fue extenuante —cinco horas subiendo y bajando la montaña— y cada vez que el deseo de rendirme me invadía, me susurraba al alma:

"Como tus días serán tus fuerzas... ahora camina".

La aldea era pequeña, con apenas unas cuantas casas dispersas entre el terreno irregular. Pero lo que más nos impactó no fue la geografía, sino los corazones abiertos que nos recibieron. Las familias nos acogieron con sencillez, y al ver cómo aceptaban al Señor con gozo, recordé por qué estábamos allí. Fue un momento de profunda gratitud —una chispa de eternidad que iluminó todo el sacrificio.

Y entonces me golpeó la realidad:

"Tengo que bajar la montaña otra vez".

No tenía fuerzas. Pero volví a aferrarme a la promesa:

"Como tus días serán tus fuerzas".

Así que, apoyado solo en esa palabra, puse un pie delante del otro y descendí hasta la casa de María.

Al día siguiente, era hora de regresar a Los Ángeles. Empacamos en silencio y comenzamos el viaje de vuelta. Avisé a nuestra base sobre mi estado de salud, y pronto nos ordenaron entrar en cuarentena, aunque ya no estaba contagioso y ninguno de los demás se enfermó. La tifoidea se transmite por malas condiciones sanitarias, así que sabía que no había puesto en riesgo a nadie.

La realidad de mi situación me golpeó con fuerza: había contraído fiebre tifoidea y, ahora, por mi culpa, todos los demás estaban siendo restringidos.

Cuando por fin llegamos a casa, me sentía fatal, no solo físicamente, sino también en lo emocional. No podía quitarme de encima la sensación de que no había aportado nada valioso a la misión. En vez de ayudar, me había convertido en una carga. "¿Qué fue todo eso, Señor? Yo solo quería seguirte y llevar el evangelio a México, pero parecía que tenía mala suerte o algo así. ¿Hice algo mal?" Le derramé mi queja al Señor y esperé una respuesta.

En ese momento de quietud, escuché al Señor decir:

—Gracias.

Tomé todo ese dolor, la confusión, la frustración... y lo ofrecí como sacrificio. Porque la Palabra dice:

> *Y todo lo que hagan, de palabra o de hecho, háganlo todo en el nombre del Señor Jesús, dando gracias por medio de Él a Dios el Padre (Colosenses 3:17).*

Todo lo que hacemos es en Su nombre —nuestras vidas son por Él y para Él.

¿Por qué salimos al mundo? ¿Es solo para ayudar a otros y suplir sus necesidades? ¿Para sentirnos realizados y mejorar nuestra autoestima? ¿Para ganar riqueza o influencia? Tuve que hacerme esas preguntas, y me di cuenta: no fui a este viaje por mí ni para demostrar nada. Cuando escuché ese "gracias" de parte del Señor, supe que había valido la pena, porque lo hice para Él.

La Escritura lo deja claro: "Todo lo que hagan, háganlo de corazón, como para el Señor y no para los hombres" (Colosenses 3:23).

> No me interesa el aplauso de los que se quedaron en la barca—solo quiero agradar a Aquel que me llamó.

Esa es la clave. Podemos dar pasos de fe porque, al final, todo es para Su gloria, no la nuestra. No me interesa el aplauso de los que se quedaron en la barca—solo quiero agradar a Aquel que me llamó.

La primera historia de la rata

Uno de mis maestros favoritos de la Biblia vino a nuestra Escuela de Evangelismo a principios de los años ochenta. Sam Sasser, un misionero con corazón de pionero, nos contó la historia de su trabajo en las Islas Marshall:

> Yo quería ir a las islas a finales de los años cincuenta, pero había algunos obstáculos — principalmente que estaban siendo utilizadas como zonas de pruebas nucleares y las mujeres embarazadas no estaban permitidas.

Mi esposa tenía seis meses de embarazo, así que tuve que ir solo. Aun con todos esos riesgos, di un salto de fe.

Al llegar a la isla que me correspondía, encontré una choza donde vivir mientras comenzaba a trabajar con la comunidad local. No pasó mucho tiempo antes de darme cuenta de que no estaba solo. El lugar estaba lleno de ratas enormes —criaturas gigantes y sin miedo que se paseaban como si fueran las propietarias.

Se anidaban en el techo de palma, y sus colas colgaban por las paredes como decoraciones horribles. Las odiaba. Siempre que veía una con la cola particularmente larga, me proponía acabar con ella.

A pesar de las ratas, el trabajo avanzaba, y con el tiempo la gente empezó a recibir la Palabra. Luego, un día, llegó una carta: Era el permiso para que mi esposa y mi hijo recién nacido pudieran unirse a mí en la isla. Estaba lleno de alegría.

El día que llegaron, limpié la choza lo mejor que pude y corrí al muelle para recibirlos. Ver a mi esposa y conocer a mi hijo por primera vez fue increíble. Y como regalo adicional, ella trajo una pelota de béisbol y un bat —quizás imaginando un futuro donde jugaríamos a atrapar la pelota bajo el sol de la isla.

Pasamos la tarde acomodándonos, y después de su largo viaje, nos acostamos temprano. Apenas comenzaba a quedarme dormido cuando sentí algo que cayó sobre mí —un golpe seco en el pecho. Antes de que pudiera reaccionar, la cosa corrió por mi pierna y, para mi horror... ¡me arrancó la uña del dedo gordo del pie!

Fue el colmo. La guerra con las ratas había llegado a su punto de quiebre.

Lleno de furia y con el pie palpitando de dolor, agarré el bat que mi esposa había traído y lancé una cacería total contra la rata, girando con furia y persiguiendo a la criatura por todo el cuarto.

Entonces escuché un pequeño gemido.

Me detuve a mitad del swing y me volví para ver a mi esposa, acurrucada en una esquina, abrazando a nuestro bebé, mirándome como si me hubiera vuelto loco.

Y en ese momento —con el bat en alto, la sangre escurriendo del pie, y una rata aún suelta por ahí— no podía culparla.

Nos tomó un tiempo adaptarnos, pero poco a poco las cosas comenzaron a crecer. En 1964, un avivamiento estalló, encendiendo algo más grande de lo que jamás habría imaginado.

Hoy en día, miles de creyentes en las Islas Marshall aman a Jesús y "hacen la obra del ministerio". Cientos de pastores y líderes han sido formados, plantando iglesias, discipulado a otros y extendiendo el Evangelio por todas las islas.[1]

Clavadistas o tocadores de agua

Hay dos tipos de nadadores: los clavadistas y los que solo tocan el agua con los dedos del pie. Los tocadores se quedan al borde, dudando, probando el agua con un dedo, como si eso pudiera prepararlos para el salto.

"Está muy fría," dicen. "Está turbia; la corriente se ve fuerte".

Sus excusas fluyen tan fácilmente como el agua que evitan, y así permanecen en la orilla, sin conocer jamás la alegría de lanzarse y nadar.

Mientras tanto, los clavadistas no se detienen a pensar. Con un salto valiente, se sumergen, sintiendo la adrenalina, abrazando la experiencia, viviendo el momento.

Cuando Dios extiende Su invitación, nuestra reacción por defecto suele parecerse a la de los tocadores: titubeamos, llenos de dudas y excusas. Nuestra voz interior suena como la de un abogado defensor. Dios habla con claridad y precisión, y nosotros respondemos con argumentos.

---

[1] Para más información acerca de Sam Sasser visita: https://pacmiss.org/sam-sasser

"El agua está fría. Me voy a hundir. Mira el viento. No sé hablar bien. Soy muy joven. Soy muy viejo".

Somos como Moisés, quien le dijo a Dios: "¿Quién soy yo para ir a Faraón, y sacar a los Israelitas de Egipto?" (Éxodo 3:11).

En esta historia, Moisés presentó cinco excusas ante Dios:

- No soy suficiente: "¿Quién soy yo?" (Éxodo 3:11).
- No sé lo suficiente: "¿Cuál es Su nombre?" (Éxodo 3:13).
- No me van a tomar en serio: "¿Y si no me creen?" (Éxodo 4:1).
- No soy buen hablante: "Nunca he sido hombre elocuente" (Éxodo 4:10).
- No estoy dispuesto: "Envía a otro" (Éxodo 4:13).

Cualquiera puede encontrar una excusa para no obedecer. Pero Jesús no tenía paciencia para los pretextos. A uno le respondió directamente:

"Deja que los muertos entierren a sus muertos" (Mateo 8:22; Lucas 9:60).

En el libro La Guerra Santa de John Bunyan, un personaje astuto llamado Mal-Pausa es el orador sigiloso del diablo. Siempre aparece cuando el enemigo quiere hablar, susurrando dudas y demoras. Es un símbolo de ese momento sutil de indecisión que a veces sentimos cuando Dios nos llama a caminar sobre el agua.

Quien escucha a Mal-Pausa jamás caminará sobre el agua.

Muchas personas se sientan a soñar con las grandes cosas que harán para Dios. Imaginan lo increíble que sería caminar sobre las aguas y hacer lo imposible en Su nombre. Pero en lugar de actuar, se quedan en espera. Dicen que necesitan más tiempo, más preparación, más seguridad, y así, pasan los años.

¿Cuántas personas mayores miran hacia atrás con pesar, deseando haber respondido al llamado del Señor? Recuerdan el momento en que la invitación llegó, pero dudaron. Y ahora piensan que ya es demasiado tarde. Creen que su oportunidad se fue.

Pero la verdad es esta: Nunca somos demasiado viejos para caminar sobre el agua —solo demasiado lentos para responder. Cuando el viento está en contra y las olas rugen, es fácil quedarse en la barca. Sabemos que si damos el paso, habrá pruebas, tentaciones y desafíos.

Pero quien camina por fe sabe que no está solo en el agua.

Cuando pases por las aguas,
Yo estaré contigo,
Y si por los ríos,
no te cubrirán.
(Isaías 43:2)

CAPÍTULO 5
ÉL NOS SOSTIENE

Él es el resplandor de Su gloria y la expresión exacta de Su naturaleza, y sostiene todas las cosas por la palabra de Su poder.
Hebreos 1:3

Así como las moléculas en los sólidos vibran constantemente, pero se mantienen unidas por fuerzas invisibles, nosotros también somos sostenidos por algo mucho más grande que nosotros mismos. La comprensión de que el Señor es quien nos sostiene —cada molécula, cada aliento, cada momento— es esencial para aquellos que se atreven a bailar sobre el agua.

Cada mañana, me recuerdo que no me toca a mí mantener todo unido. Cuando la vida parece estar a punto de desmoronarse, recuerdo que es Él quien me mantiene de pie. Es reconfortante saber que, incluso en mis momentos más bajos, no es mi fuerza la que me sostiene, sino Su palabra.

Siempre digo que Pedro no solo caminó sobre el agua —caminó sobre la palabra "Ven".

La palabra de Jesús desafía la gravedad, y esa pequeña pero poderosa instrucción, "Ven", mantuvo a Pedro a flote cuando se atrevió a salir del bote en fe. Esa palabra nos recuerda cuán vital es entender nuestro llamado y reconocer Su invitación. Como dice 2 Pedro 1:10 "Así que, hermanos, sean cada vez más diligentes para hacer firme su llamado y elección de parte de Dios. Porque mientras hagan (practiquen) estas cosas nunca caerán".

Caminar en lo sobrenatural requiere tener la certeza de que hemos sido llamados. Es Su palabra la que nos sostiene cada día. Su palabra no es solo un concepto espiritual; es la fuerza que mantiene unidos tus huesos, músculos, fortaleza y cordura.

Si Él no exhala, nosotros no inhalamos. La Biblia lo dice claramente: "Dios que tiene en Su mano su propio aliento y es dueño de todos sus caminos" (Daniel 5:23). Ser conscientes de Su poder sustentador es vital. Confiar en que Él nos mantendrá a flote —y más que eso, que nos hará prosperar— aun en medio de las tormentas de la vida, lo cambia todo.

Hijos e hijas

Queríamos comenzar una familia mientras dirigíamos la escuela de misiones. Pero, con el paso del tiempo, se volvió dolorosamente claro: Estábamos luchando contra la infertilidad. Para Mary Jo, convertirse en madre era su deseo más profundo, pero mes tras mes, ese sueño parecía alejarse más y más.

Lo intentamos todo —doctores, tratamientos, medicamentos— desesperados por un milagro. Pero en lugar de esperanza, los medicamentos solo trajeron enfermedad, y Mary Jo se sentía peor que antes.

Luego, durante un viaje a México, se enfermó gravemente, y ese fue nuestro punto de quiebre. Tomamos la difícil decisión de dejar los medicamentos por completo.

> Sabíamos que teníamos que confiar en el plan de Dios, aunque nosotros no lo pudiéramos ver.

Al regresar a Los Ángeles, la realidad golpeó aún más fuerte. Los fondos escaseaban, y no podíamos pagar las cuentas ni los gastos médicos con nuestro ingreso. Algo tenía que cambiar.

Cuando se acaba el dinero, es momento de preguntarle a Dios: "¿Qué está pasando?". Siempre hemos creído que si Dios guía, Él provee. Pero nos encontrábamos frente a decisiones duras. Sabía que, si queríamos continuar con los tratamientos, tenía que encontrar una forma de generar más ingresos. Así que tomamos la decisión difícil de dejar el ministerio en Los Ángeles. En 1987, empacamos nuestras vidas y nos mudamos con los padres de Mary Jo en San José, California. Fue difícil, pero sabíamos que teníamos que confiar en el plan de Dios, aunque nosotros no lo pudiéramos ver.

Poco después de mudarnos a San José, caí en la rutina diaria, haciendo trabajos de mantenimiento para mi suegro. No era la vida que había imaginado, pero me aferré a la promesa de Deuteronomio 8:18: "Acuérdate del Señor tu Dios, porque Él es el que te da el poder para hacer riquezas". Y sorprendentemente, empecé a ganar más dinero que nunca antes, y pronto volvimos al consultorio del doctor.

Mientras trabajaba con mi suegro y seguíamos con las citas médicas, la desilusión empezó a colarse en mi corazón. Me sentía fuera de lugar —sin amigos, sin propósito. La misma vieja voz me susurraba: "Dios ya terminó contigo".

En un intento por encontrar dirección, apliqué para ser pastor de jóvenes en la iglesia donde Mary Jo había conocido al Señor. Pero en el fondo, sabía que no encajaba. Hasta intenté "verme como pastor", me compré un saco deportivo y me corté el pelo. Pero nada calmaba la inseguridad. Y cuando la iglesia oficialmente me rechazó, solo confirmó lo que temía.

—Soy un fracaso —le dije a Mary Jo una tarde mientras estábamos sentados en un McDonald's, con la frustración a flor de piel—. Donde sea que volteo, choco con una pared. Todo se siente imposible, como un callejón sin salida.

Sin dudarlo, ella me miró y dijo:

—Eso es porque no estás llamado a ser pastor de jóvenes. Eres un misionero. Tenemos que ir a México y ser misioneros.

Y en ese instante, todo cobró sentido. Fue como si la niebla se disipara. Comenzamos a hacer planes para mudarnos a México lo antes posible.

Mirando hacia atrás, aún no sé de dónde sacamos la certeza de que Dios abriría camino—pero de alguna manera, sabíamos que Él nos sostendría.

Después de muchas consultas, el doctor nos llamó a los dos a su oficina.

—Después de múltiples exámenes y opiniones, es muy poco probable que puedan tener hijos —nos dijo. Sus palabras fueron como cuchillos clavándose en nuestro corazón.

—Deberían considerar otras alternativas —él añadió.

Para Mary Jo, esas palabras fueron devastadoras. Ser madre era su deseo más profundo, algo que anhelaba desde que era niña. Era como si Dios mismo hubiera sembrado ese sueño en su corazón... solo para que las circunstancias lo aplastaran sin piedad.

Yo traté de consolarme pensando que quizá podría estar bien sin hijos. Podríamos viajar más, enfocarnos en el ministerio, vivir una vida diferente. Pero para Mary Jo, la pérdida era incalculable. El sueño de ser madre no era solo un deseo —era un llamado, y escuchar que quizá nunca se haría realidad fue como si le arrancaran una parte del alma.

Unas semanas después, viajamos a Seattle para ser ordenados por nuestra iglesia. Rodeados por los ancianos que pusieron sus manos sobre nosotros, sentía el corazón latir con fuerza. No era solo un acto ceremonial —era un momento profético, un presbiterio, como muchos lo llaman, donde recibiríamos bendición y la comisión para el ministerio. Estaba ansioso por escuchar lo que Dios tenía preparado.

Las palabras que hablaron sobre nosotros fueron poderosas —llenas de promesa, propósito y el peso de un llamado divino. Pero entonces, uno de los profetas comenzó a hablar, y lo que dijo me tomó completamente por sorpresa.

—Ustedes serán padre y madre de muchos —declaró con firmeza, repitiendo la frase como si quisiera que quedara bien clara—. Sus hijos e hijas vendrán de lejos, y sus hijos desde los confines de la tierra.

Sus palabras resonaron en mi mente. Mientras los demás asentían en señal de acuerdo, yo me quedé clavado en lo que acababa de escuchar. Solo una semana antes, el doctor nos había dicho que tener hijos era casi imposible. La herida aún estaba fresca... y ahora, este profeta —que ni siquiera conocía nuestra situación— proclamaba con seguridad que seríamos padres.

"Ustedes serán padre y madre de muchos".

Este profeta está completamente perdido, pensé. No tiene idea de lo que está diciendo Me costaba reconciliar sus palabras con nuestra cruda realidad. Pero aun en medio de mis dudas... una parte de mí se preguntaba: ¿Y si es verdad? ¿Y si Dios está prometiendo algo que parece imposible?

Un día particularmente largo, mi madre me llamó de repente.

—Hola, mamá —contesté sorprendido. Ella casi nunca me llamaba; por lo general, yo era quien la buscaba. —¿Sabías que tu hermana está embarazada otra vez? —me preguntó.

Sí, lo sabía. Mi hermana había pasado por muchas dificultades. Estaba casada con alguien que luchaba contra la adicción. Sus gemelos habían nacido con retrasos en el desarrollo, y ahora... esperaba a su cuarto hijo.

—Ella quiere que adopten al bebé cuando nazca —continuó mi mamá—. Sabe que no puede con otro niño y cree que este bebé está destinado para ustedes.

Su llamada me dejó sin palabras. Entré en pánico.

Luché por encontrar las palabras adecuadas. —Ok... déjame hablar con Mary Jo y orar —le respondí finalmente, todavía procesando lo que acababa de suceder.

Nosotros aún estábamos tratando de embarazarnos. No teníamos el dinero para una adopción, ni vivíamos en el estado de Washington, donde habría que hacer todo el trámite legal. Uno no simplemente adopta un bebé. La palabra que más retumbaba en mi mente era: imposible.

Luego se lo conté a Mary Jo.

—¡Un bebé! —gritó mientras saltaba por la habitación con alegría.

—Espera tantito —le dije con cautela—. No te ilusiones demasiado. Es poco probable que califiquemos, y mucho menos que podamos pagar una adopción. Primero, voy a buscar consejo.

Lo primero que hice fue llamar a un pastor amigo que había escrito un libro sobre adopción.

—Hagas lo que hagas, no adoptes a un familiar —me advirtió—. Es imposible, nunca funciona, y tú no estás listo.

> Es imposible, nunca funciona, y tú no estás listo.

Otros amigos cercanos también me recomendaron tener mucho cuidado.

—¿Y si el bebé nace con retrasos como los otros niños de tu hermana? —preguntó una señora.

Poco después, supimos que el bebé sería niño. Mary Jo se mantuvo firme y segura de que Dios nos estaba guiando a adoptarlo. Yo, en cambio, salí a orar, lleno de dudas pero dispuesto a hacer lo que el Señor dijera. Mientras caminaba y oraba, tuve un diálogo en mi mente con Dios.

¿Cómo crees que será la vida de este niño si no lo adoptas tú? sentí que el Señor me preguntaba. ¿Estás dispuesto a correr el riesgo?

Mi única respuesta fue:

—Sí, Señor.

Sabía que, si dábamos el paso, Él nos sostendría por medio de Su palabra, como cuando Pedro caminó sobre el agua.

El primer paso fue mudarnos a casa de mis padres en Seattle. Para adoptar un niño se necesita un trabajador social que realice un estudio del hogar y apruebe la adopción. No teníamos casa propia, ni ingresos mensuales estables, ni el dinero para pagarle al trabajador social. Éramos los menos calificados para adoptar. Durante todo el proceso, escuchamos demasiadas veces la palabra "imposible". Lo único que podíamos hacer era dar un paso a la vez.

La trabajadora social que nos asignaron era una mujer cristiana maravillosa que rápidamente se convirtió en una gran amiga. No tuvo problema en aceptar la casa de mis padres para el estudio del hogar.

—No se preocupen por los costos —nos dijo cuando le hablamos abiertamente de nuestras finanzas. Tampoco tuvo objeción en que sacáramos al niño del país tres meses después de su nacimiento, ya que planeábamos mudarnos a México.

El nacimiento fue un sueño hecho realidad. Mi hermana dio a luz y entregó a Jesiah inmediatamente a Mary Jo. Fue difícil para ella, como lo sería para cualquier madre, pero sabía que era lo correcto. Entendía que estaba haciendo uno de los sacrificios más grandes de su vida... y nunca miró atrás. ¡Vaya con los que dijeron que no adoptáramos dentro de la familia! Cuando es el plan de Dios, puedes confiar en que Él quitará cada obstáculo. Dios también se encargó del aspecto económico. El costo del parto fue mucho menor de lo que habría sido si Mary Jo hubiera dado a luz.

Tres meses después del nacimiento de Jesiah, nos mudamos con él a Mazatlán, México (de eso hablaré con más detalle en el siguiente capítulo). A pesar de no tener dinero, no poder embarazarnos, y no saber cómo criar a un niño, ahora estábamos en el campo misionero... con un hijo. Y el cumplimiento de las palabras del profeta "loco" comenzaba a tomar forma. Teníamos nuestro primer hijo de muchos. Éramos padres. Solo puedo decir que Jesús nos sostuvo por medio de Su palabra.

Otro más

El deseo de Mary Jo por tener otro hijo crecía cada vez más mientras nos íbamos estableciendo en Mazatlán. Menos de dos años después de nuestra llegada, empezó a expresarlo con más frecuencia.

—Quiero otro bebé. Tal vez podríamos adoptar aquí en México —me decía, con una mezcla de esperanza y ternura en su voz.

Sin embargo, la realidad de adoptar en México durante los años ochenta era desalentadora. La adopción no solo era mal vista —era recibida con abierta desconfianza. "¿Por qué abandonó su hijo esa madre?" era una frase común que reflejaba un profundo prejuicio cultural contra la adopción. Además, circulaban rumores sobre extranjeros —especialmente estadounidenses— que robaban niños, lo cual solo alimentaba el temor y la sospecha local.

Vivir en México con un hijo mexicano adoptado hubiera sido increíblemente difícil. La estigmatización de la adopción habría sido aún más pesada junto con los prejuicios que ya enfrentábamos como misioneros. Era una época distinta, y aunque hoy en día México está mucho más abierto a la adopción y a las familias mixtas, en ese entonces no era una opción viable para nosotros.

Yo le repetía una y otra vez:

—Ya recibimos nuestro milagro. Deberías estar agradecida por lo que tenemos y dejar de desear otro hijo.

Tuvimos varias conversaciones difíciles que, la verdad, se sentían más como discusiones. Finalmente le dije:

—Solo lo consideraría si alguien se nos acercara directamente y nos pidiera que adoptáramos a su hijo. Pero por ahora, tienes que soltar esa idea.

Una semana después de esa conversación, recibí a un equipo de Estados Unidos. Nos instalamos en la plaza principal, cerca de nuestra casa, e invitamos a la gente a nuestra presentación. Mary Jo, aún molesta conmigo, salió a dar un paseo con Jesiah en la carriola. En el último momento, decidió pasar por la plaza. Sentada en una banca, observando al equipo, notó a una joven estadounidense embarazada. Supuso que estaba casada con alguien del equipo.

Para su sorpresa, la joven —que se llamaba Becky— se sentó a su lado. Comenzaron una conversación amable, durante la cual Mary Jo compartió cómo Jesiah había llegado a nuestras vidas por medio de la adopción. Después de un rato, Mary Jo se despidió y regresó a casa.

Al día siguiente, Becky visitó nuestra casa y pidió hablar con Mary Jo.

—Crecí en un hogar cristiano y sabía lo correcto —dijo—, pero terminé en una relación que me llevó a este embarazo no planeado. Ahora que estoy retomando mi vida, he decidido dar a mi hija en adopción. ¿Considerarían adoptarla ustedes?

Esa noche, Mary Jo me acorraló:

—Tú dijiste que si alguien se nos acercaba y nos pedía adoptar a su hijo, lo hablaríamos —me recordó con una sonrisa de "te lo dije".

¿Qué podía decir? Mis propias palabras me habían atrapado. En el fondo también deseaba otro hijo, pero pensar en hacerlo realidad me abrumaba. Las dudas, los riesgos, los retos... no quería que nos rompiéramos el corazón.

Y luego estaban los obstáculos —tantos que la parte práctica de mí solo decía: Sé realista. No te hagas ilusiones.

Porque no es tan sencillo adoptar un niño, mucho menos viviendo en el extranjero. No teníamos fondos, ni una casa para el estudio de hogar. Mary Jo saltaba de alegría mientras yo temblaba de miedo y ansiedad.

Debería estar más acostumbrado a enfrentar lo imposible... pero aún luchaba con eso.

El primer reto era encontrar una casa en Estados Unidos para la visita del trabajador social. Y, por lo que solo puedo llamar una coincidencia divina, Becky era de un pueblo muy cercano a la nueva casa de mis suegros en Santa Rosa, California, y su tío resultó ser el pastor de mis suegros. Eso convirtió la casa de ellos en el lugar ideal para comenzar el proceso.

El siguiente obstáculo fue el financiero. Vivíamos por fe, y muchas veces luchábamos por llegar a fin de mes. El costo de viajar a California y quedarnos allá, mientras seguíamos pagando la renta de nuestra casa en México, parecía muy por encima de nuestras posibilidades. A pesar de haber experimentado muchas provisiones milagrosas, esta vez el obstáculo se sentía insuperable. Luchaba con mis dudas y temores como si fuera Pedro tambaleándose sobre el agua.

Todos los mismos obstáculos del primer proceso de adopción seguían presentes: Sin casa propia, sin dinero, sin nadie animándonos. Pero ahora era peor que cuando adoptamos a Jesiah.

La cantidad de enemigos y obstáculos que

surgen cuando caminas sobre el agua es impresionante. Me sorprendió cuántas personas nos criticaron, e incluso sintieron envidia. —Nosotros llevamos años intentando adoptar. ¿Por qué a ustedes se les da tan fácil? —nos dijo alguien. Pedí oración a un equipo misionero por provisión, y algunos me acusaron de manipularlos para conseguir dinero. Mirando hacia atrás, todas esas pruebas fueron como el viento contrario: ataques contra la fe, intentos de desanimarnos y hacernos hundir. Pero Dios nos siguió sosteniendo.

> La cantidad de enemigos y obstáculos que surgen cuando caminas sobre el agua es impresionante.

Al llegar a California, pronto conocimos a la trabajadora social asignada. Igual que la del caso anterior, era cristiana, y aceptó sin problema la casa de los padres de Mary Jo para hacer el estudio. Incluso, nos apoyó mensualmente durante años después de la adopción.

Mudarnos a casa de mis suegros no fue nada fácil. Esperábamos el nacimiento de nuestra hija mientras escuchábamos una avalancha de dudas, opiniones no solicitadas y críticas disfrazadas de preocupación de parte de personas celosas o curiosas. Becky, la madre biológica, estaba decidida a seguir adelante con la adopción, pero algunos miembros de su familia hicieron todo lo posible para convencerla de que se quedara con la bebé.

Cuando nació nuestra hija Rebecca, nos pidieron que esperáramos un día antes de que Becky se la entregara a Mary Jo.

La ley en California en ese tiempo establecía que una adopción no se hacía definitiva hasta que pasaran seis meses. Si la madre cambiaba de opinión, tendríamos que devolver a la niña. Sorprendentemente, el Estado hizo una excepción y nos permitió llevar a Rebecca a México cuando tenía apenas un mes de nacida. Pasamos los siguientes seis meses luchando contra el miedo de que alguien en la familia de Becky la convenciera de cambiar de parecer. Pero Becky se mantuvo firme y cumplió su palabra. Con el tiempo, ella tendría más hijos... e incluso también adoptaría. Regresamos a California después de seis meses para finalizar la adopción, y nos quedamos maravillados al ver la fidelidad de Dios. Él cumple Sus promesas.

Con cada paso que dábamos, las montañas se movían. Y una vez más, la adopción terminó costando menos de lo que habría costado un parto. Nadie puede decirme que nuestra capacidad o sabiduría fue lo que nos convirtió en padre y madre. Jesús dijo: "Ven", y Él nos sostuvo en cada paso. Ser padres era imposible para nosotros... pero nada es imposible para Dios.

Nuestros hijos son testimonios vivientes de que Dios nos sostiene cuando caminamos por fe. Con el tiempo, nuestra familia creció mucho más de lo que imaginamos. Eventualmente, establecimos el orfanato Casa Nana, donde niños de todo tipo, de cerca y de lejos, encontraron un hogar lleno de amor. A través de nuestro trabajo —plantando iglesias y fundando Casa Nana— nuestra familia se ha expandido de una forma que solo la fe pudo haber hecho posible. Nos convertimos en padre y madre de más niños de los que podemos contar, cumpliendo un llamado que ha tocado incontables vidas.

Con todos sus desafíos y milagros, este camino es un testimonio vivo de las cosas increíbles que suceden cuando caminas sobre el agua por fe.

Cosas que ojo no vio, ni oído oyó,
ni han entrado al corazón del hombre,
son las cosas que Dios ha preparado para
los que lo aman.
(1 Corintios 2:9)

CAPÍTULO 6
MUEVE CADA OBSTÁCULO

Y Él les dijo: "Por la poca fe de ustedes; porque en verdad les digo que si tienen fe como un grano de mostaza, dirán a este monte: 'Pásate de aquí allá,' y se pasará; y nada les será imposible".

Mateo 17:20

Mientras contemplaba las majestuosas montañas de las Tres Hermanas en el centro de Oregón, pensé: ¿Y si pudiera lanzar una de ellas al mar? La idea me pareció absurda —imaginé la reacción del público, las consecuencias legales, las acusaciones de desastre ecológico. Pero luego me pregunté: ¿Jesús realmente quiso que tomáramos esto literalmente cuando habló de mover montañas con fe?

En la interpretación bíblica, las metáforas como "montañas" suelen entenderse de manera simbólica. Jesús hablaba de los obstáculos imposibles que enfrentamos. Cuando hablamos Su palabra con fe, esas "montañas" se mueven —no por fuerza humana, sino por el poder de creer y confiar en Él. Jesús hablaba de lo imposible, de los desafíos que se presentan cuando caminamos por fe. Hablamos a nuestras montañas por fe, y las montañas se mueven.

Los números no dan

—Los números no cuadran. No podemos vivir en México con solo cuatrocientos dólares de apoyo mensual. Tan solo la renta en Mazatlán es de quinientos al mes... y van a subirla un treinta por ciento en seis meses —dije apretando los dientes, tratando de explicarle a Mary Jo lo imposible.

Era 1988, y recién nos habíamos mudado a Mazatlán como misioneros de tiempo completo, con un bebé recién nacido y sin dinero. México tenía leyes de arrendamiento estrictas que dificultaban desalojar a los inquilinos morosos, así que nadie quería rentarle a una pareja de gringos que ni siquiera hablaban español. Eso significaba que nuestra única opción era una casa infestada de alacranes, que además quedaba fuera de nuestro presupuesto.

Parecía un obstáculo imposible, una montaña que no se podía mover. ¿Cómo íbamos a sobrevivir siquiera un mes? Pero en el fondo, sabíamos que estábamos siguiendo la voluntad de Dios. Dimos el paso en fe, confiando en que donde Dios guía, Él provee. Y cada mes, lo necesario llegaba para pagar la renta.

Después de algunos meses en México, me llamó un pastor amigo. —Tengo buenas noticias y malas noticias —dijo con un tono tenso—. ¿Cuál quieres primero?

—Vamos con las malas —respondí, preparándome.

—Bueno, hemos estado enviándote el diez por ciento de los ingresos de nuestra iglesia, pero ahora vamos a bajarlo al cinco. Nos vamos a fusionar con otra iglesia, y ellos ya apoyan a un misionero, así que tendremos que dividir el apoyo.

Sentí que el corazón se me hundía. Pero antes de que pudiera responder, añadió rápidamente: —Pero aquí vienen las buenas: Después de la fusión, ese cinco por ciento va a ser más que el diez por ciento actual. Vas a recibir al menos $1,200 dólares al mes.

Quedé en shock. Justo cuando pensé que íbamos a estrellarnos contra una montaña metafórica, Dios la movió. Siempre ha sido así para los que caminan por fe: el Señor hace lo imposible cuando caminamos confiando en Él.

A menudo pienso en Pedro en prisión, justo antes de su ejecución: "Esa misma noche, cuando Herodes estaba a punto de venir a buscarlo" (Hechos 12:6). ¿Por qué esperó Dios hasta el último momento para liberar a Pedro de la decapitación? Pero entonces lo entiendo: Pedro había aprendido a danzar sobre el agua. Estaba profundamente dormido en esa celda, en total paz. Había aprendido a confiar en las liberaciones de último minuto de Dios, y descansaba en fe, sin miedo.

> El Señor hace lo imposible cuando caminamos confiando en Él.

Esa primera casa en Mazatlán fue una prueba igual para nosotros. Nuestro hijo ya gateaba, y Mary Jo vivía en constante tensión, temiendo los alacranes que aparecían por todas partes. Algunos trataban de animarnos diciéndonos:

—No se preocupen, la picadura de alacrán no mata a los adultos... solo a los niños pequeños.

Naturalmente, eso no ayudaba. Jesiah comió su primera cucaracha en esa casa, a pesar de la vigilancia constante de Mary Jo. Solo espero que también haya sido la última. Tuvimos que aprender a confiar en Dios en esos momentos difíciles, como Pedro, descansando en fe incluso cuando todo alrededor parecía peligroso e incierto.

La montaña del idioma

Otra montaña que tuvo que moverse —aunque se movió mucho más lentamente— fue la barrera del idioma. Yo era un estadounidense de 28 años con un nivel mínimo de español, así que mudarnos a México fue un verdadero reto. Lo único que podía decir con confianza era: ¿Dónde está el baño? Pero estaba decidido. Declaré con valentía ante mis amigos:

—Voy a predicar en español dentro de un año.

Para lograrlo, le pedí a un joven misionero llamado David, que hablaba español con fluidez:

—¿Puedo seguirte a todas partes y aprender español contigo?

David aceptó. Me convertí en su asistente y su chofer —yo tenía carro, él no. Comencé con algunos libros de gramática, pero pronto me di cuenta de algo fundamental: El idioma se atrapa más que se enseña. La inmersión era la clave. Así como los niños aprenden escuchando y hablando todos los días, yo necesitaba usar el idioma constantemente hasta que pudiera hablarlo con soltura.

Más fácil decirlo que hacerlo. A pesar de todos mis esfuerzos, no lograba avanzar. El español parecía tener cinco o diez palabras diferentes para lo mismo, y sus catorce tiempos verbales me resultaban imposibles de ordenar. Sentía que mi cerebro no estaba programado para aprender este idioma. Después de un año de intentarlo, aún no estaba listo para predicar, así que me di otro año de plazo.

Seguí sumergiéndome en el idioma, leyendo la Biblia en voz alta en español todos los días, y orando con fervor:

—Jesús, por favor, dame el español.

Me aferraba a promesas como Éxodo 4:12: "Ahora pues, ve, y Yo estaré con tu boca, y te enseñaré lo que has de hablar", e Isaías 51:16: "Y he puesto Mis palabras en tu boca, y con la sombra de Mi mano te he cubierto".

Después de dos años, finalmente prediqué por primera vez sin traductor. Mucha gente vino —tal vez para reírse de mis errores— fue un comienzo. Hoy en día, el español es una parte esencial de mi vida diaria, y paso la mayor parte del tiempo hablándolo.

El viaje fronterizo del infierno

Una de las características únicas de México es que comparte frontera con Estados Unidos. Mientras vivíamos en Mazatlán, teníamos que conducir hasta la frontera cada seis meses para renovar nuestras visas y los permisos del vehículo. Cada viaje era una travesía de fe, llena de desafíos que exigían que confiáramos en que el Señor movería montañas por nosotros. A veces, no se trataba de una sola montaña, sino de una sierra entera.

Uno de esos viajes fue especialmente memorable. Mi cuñado me informó que habían comprado un autobús para los equipos misioneros que vendrían a Mazatlán en verano. Me pidió que liderara a los equipos de corto plazo y sugirió que mi hermana y yo fuéramos a Tucson, Arizona, para recoger el autobús y comprar todo lo necesario para recibir a los grupos.

Al llegar a Tucson, una iglesia local nos ofreció amablemente hospedarnos en unos cuartos al lado de su gimnasio. Pasamos un par de noches ahí, y durante ese tiempo llenamos el autobús de punta a punta: Muebles, un refrigerador grande, utensilios de cocina y mucho más. El autobús estaba completamente lleno cuando nos preparamos para regresar a Mazatlán.

Salimos temprano al día siguiente, manejando una hora hacia el sur para cruzar la frontera hacia México. Pasar por aduana siempre era un reto, especialmente con el autobús cargado hasta el techo. Mientras veíamos a otros pasar tranquilamente por la fila de "nada que declarar" con vehículos igual de cargados, orábamos por ese mismo favor.

Pero cuando llegó nuestro turno, el oficial de aduanas soltó una bomba: —El presidente de México acaba de implementar una nueva regla: No se puede ingresar un autobús de pasajeros sin pasajeros.

Intentamos razonar con él, explicándole nuestra situación, pero fue inútil. No cedió.

Frustrados, tuvimos que dar la vuelta y regresar a Estados Unidos, sintiéndonos derrotados.

Pero no estábamos listos para rendirnos. Nogales, Arizona, tiene dos cruces fronterizos, así que decidimos intentar por el segundo. Después de momentos tensos y más negociaciones, finalmente nos dejaron pasar. Sin embargo, el alivio fue breve. Sabíamos que a los 32 kilómetros dentro de México encontraríamos el retén interior —famoso por hacer que la gente regresara o por confiscar mercancía.

> No se puede ingresar un autobús de pasajeros sin pasajeros.

Y como temíamos, al llegar al retén de los 32 kilómetros, se confirmó nuestra peor pesadilla. El oficial repitió exactamente lo mismo que ya habíamos escuchado en la frontera:

—No se puede ingresar un autobús de pasajeros sin pasajeros.

Pasamos la siguiente hora rogando, explicando nuestra situación con cada argumento posible, pero nada parecía mover al oficial.

—No hay manera de que ese autobús entre a México —dijo finalmente, dándose la vuelta y alejándose sin más.

Frustrado y desesperado, me volví hacia mi hermana y le dije:

—Vamos a quedarnos aquí sentados... hasta que Dios abra una puerta.

El calor del desierto era implacable, y el autobús se convirtió en un horno sofocante mientras las moscas zumbaban a nuestro alrededor. El tiempo avanzaba lentamente, y justo cuando estaba perdiendo la esperanza, vi al oficial regresar hacia nosotros.

Mi corazón dio un brinco. Pensé que quizá había reconsiderado. Pero en lugar de la respuesta que habíamos estado orando, nos gritó:

—¡Den la vuelta y lárguense! ¡No pueden esperar aquí más tiempo!

Su tono no dejaba espacio para negociación. Sentimos que habíamos llegado a un callejón sin salida, sin más opción que retirarnos. Dimos la vuelta y regresamos a Tucson con el rabo entre las piernas, derrotados.

De vuelta en el gimnasio, nos acurrucamos a pensar soluciones, desesperados por una salida.

El reloj corría, y con un equipo grande a punto de llegar en unos días, la presión era intensa. De la nada, alguien en el estado de Washington nos ofreció donar una Chevy Suburban... ¡y hasta se ofreció a manejarla hasta Tucson! Fue una pequeña luz de esperanza, especialmente porque ya teníamos una Suburban blanca en Mazatlán, junto con mi remolque.

Dos miembros del equipo, Dave y John, condujeron la Suburban blanca y el remolque desde Mazatlán hasta Tucson, mientras nosotros esperábamos ansiosamente la llegada del vehículo verde desde Washington. Finalmente, todos llegaron. Así que tomamos una decisión: Mi hermana y yo saldríamos primero, y los dos chicos nos seguirían al día siguiente en la Suburban verde.

—El arranque nos dio problemas todo el camino desde Mazatlán —me advirtió Dave—. Si apagas el motor, no vuelve a arrancar hasta que se enfríe.

Lo reparamos rápidamente... o eso creímos. Luego, cargamos todo lo que pudimos en las dos Suburban y el remolque. Lamentablemente, tuvimos que dejar atrás casi la mitad de lo que queríamos llevar, incluido el refrigerador doble, pero aun así logramos meter muchísimo más de lo esperado.

Ya con todo empacado, mi hermana y yo nos preparamos para intentar cruzar la frontera una vez más al día siguiente, con la esperanza de que esta vez fuera diferente.

—No pueden pasar con todo esto —nos dijo el oficial de aduanas mientras intentábamos cruzar.

Pero insistimos, y tras dos horas de discusión, finalmente nos dejaron pasar. Comenzamos el viaje de dieciocho horas hacia el sur.

Pero no todo quedó atrás. En la primera parada para cargar gasolina, la Suburban blanca no quiso volver a arrancar. El problema del motor de arranque persistía. Tuvimos que esperar, nerviosos, a que se enfriara para poder continuar. Finalmente, volvió a encender.

Seguimos avanzando, pero la presión no disminuía. Teníamos que llegar a casa a tiempo para recibir al equipo misionero que llegaba al día siguiente. Detenernos no era una opción. Sin embargo, el tanque de gasolina comenzó a bajar... y no hubo manera de evitarlo: Teníamos que volver a cargar combustible.

Entré a una gasolinera y le pedí al despachador llenar el tanque. Me miró con seriedad:

—Tienes que apagar el motor si quieres gasolina.

—No puedo apagarlo —le dije, tratando de mantener la calma—. Si lo hago, no va a volver a prender.

—Entonces no te voy a dar gasolina —respondió con la misma firmeza.

Sin otra opción, busqué otra gasolinera con la esperanza de que allí fueran más flexibles. Encontré una, pero llegar hasta ella implicó pasarme la entrada a la autopista de cuota, que era más rápida y mejor cuidada. Eso me obligó a seguir por la carretera libre, más lenta y peligrosa, llena de polvo, calor, baches y curvas.

Finalmente, vi una nueva entrada a la autopista y di vuelta a la izquierda para volver a la ruta correcta. Pero en mi prisa, me salté una glorieta e hice un giro prohibido. Antes de darme cuenta, la policía ya estaba encima de mí. Me detuvieron, me multaron, y me dejaron seguir... Otro obstáculo. Otro golpe. Otra montaña más que mover.

De regreso en la carretera, noté que el motor comenzaba a hacer un sonido metálico preocupante. El ruido era inconfundible: Faltaba aceite. Sin atreverme a apagar el motor, me orillé, tomé un par de litros y los vertí con la esperanza de que eso resolviera el problema. El tic-tic-tic se detuvo, y volvimos a avanzar.

Pero el alivio no duró mucho. Pronto, empecé a oler aceite quemado y vi humo azul saliendo del motor. Se me cayó el alma al piso al darme cuenta de lo que había pasado: olvidé ponerle la tapa del aceite. El aceite había salido disparado del motor, cayendo sobre el escape caliente y quemándose al instante.

Nos volvimos a detener, y rápidamente volví a echarle aceite al motor mientras mi hermana corría a comprar una tapa nueva. Cada minuto se sentía como una hora mientras luchábamos por poner todo en orden otra vez. Finalmente, con la nueva tapa bien colocada y el nivel de aceite completo, seguimos nuestro camino, golpeados pero decididos a llegar a nuestro destino.

Manejamos por horas hasta llegar finalmente a la última caseta de cobro. Estaba tan cansado, sucio y agotado que casi lloré cuando la Suburban se apagó ahí mismo. La empujamos hacia un lado e intentamos arrancarla otra vez, pero no sirvió.

Al final, compré una bolsa de hielo y la presioné contra el arranque para enfriarlo. Para nuestro inmenso alivio, volvió a encender.

> Todo lo que podía salir mal, salió mal en ese viaje.

Llegamos a casa esa noche, tarde, exhaustos y completamente frustrados con la Suburban. —¿Por qué tiene que ser tan difícil, Señor? —le pregunté. Todo lo que podía salir mal, salió mal en ese viaje. Y lo que no sabía… era que las pruebas de ese verano aún no habían terminado.

Las cosas empeoran

Dos días después de nuestro agotador viaje, emprendimos otra travesía: Un viaje de cuatro horas hacia el sur, rumbo a Tepic, Nayarit, con un equipo de 40 personas. Rentamos una van pequeña y cargamos las dos Suburbans con el personal y los estudiantes. Yo iba manejando la Suburban blanca, la misma que ya nos había dado tantos problemas en el trayecto desde la frontera.

Y sí… justo a mitad del camino a Tepic, el motor se rindió por completo. En ese momento, no creo haber odiado un vehículo más que ese. Fue ahí, bajo el sol abrasador y rodeado de frustración, donde tomé una decisión definitiva: ¡Yo no soy mecánico! A partir de ahora, dejaré las reparaciones a los que tengan la paciencia para eso.

Todo el convoy se detuvo. Tuve que evaluar rápidamente la situación: ¿Cómo voy a llevar a este grupo de más de 40 personas a la ciudad? Después de pensar un poco, le pedí a todos que se amontonaran en los vehículos que aún funcionaban —la van rentada y la Suburban verde— que, técnicamente, solo tenían capacidad para 23 personas.

Llegamos como pudimos a una pequeña iglesia en Tepic, sin tener idea de que ese lugar marcaría nuestras vidas para siempre. Después del viaje agotador, lleno de obstáculos, estaba completamente agotado, y ahora me enfrentaba a otro reto: ¿Cómo voy a llevar a todos de regreso? No podía pedirles que se apretaran de nuevo por tantas horas de camino.

Mientras el equipo ministraba y Dios se movía con poder, yo me retiré detrás del edificio de la iglesia, abrumado por la emoción. Lloré desconsoladamente, clamando al Señor:

—¿Qué estoy haciendo mal? ¿Qué quieres enseñarme? ¿Puedo renunciar, por favor? Escoge a alguien más para liderar estos equipos...

Después de vaciar mi corazón delante de Dios, me sequé las lágrimas y me volví a levantar. A pesar de haber dormido apenas dos horas, logré subir a gran parte del equipo a un autobús para el viaje de regreso de cuatro horas a Mazatlán. Mandé una grúa por la Suburban descompuesta y regresé a casa para prepararme para otro equipo aún más grande que llegaría en dos semanas.

La noche anterior a la llegada del nuevo equipo, llovía sin parar. Estaba en mi oficina, trabajando en mi Atari 520-ST, disfrutando de un raro momento de calma, cuando Mary Jo gritó desde otra habitación: —¡El carro está bajo el agua!

Se me detuvo el corazón.

—¿Qué? —grité, incrédulo—. ¡¿Estás bromeando?!

El pánico me envolvió mientras corría a toda velocidad hacia afuera, con la mente girando a mil por hora, para intentar salvar mi Chevy Blazer.

Las palabras de Mary Jo no eran una exageración. Nos habíamos mudado recientemente a una casa nueva en renta, sin saber que esa calle era propensa a inundaciones cada año —una lección que aprendimos de la peor manera. Las lluvias torrenciales habían sumergido completamente mi camioneta, el Jeep de mi hermana, las dos Suburbans (incluida la que se nos descompuso camino a Tepic y que habíamos reconstruido con tanto esfuerzo), y hasta el autobús que un equipo misionero acababa de traer. Todos estos vehículos estaban estacionados junto a la casa, listos para recibir a un equipo misionero con más de 100 estudiantes... y ahora

> "¡El carro está bajo el agua!"

yacían sumergidos e inutilizados bajo el agua sucia de la calle.

Con la adrenalina corriendo por mis venas, intenté mover mi camioneta a terreno más alto, pero se apagó justo cuando trataba de retroceder. Empapado y frustrado, me machuqué un dedo con el portón mientras intentaba rescatar más vehículos de la creciente marea. Pero, a pesar de todos mis esfuerzos frenéticos, lo inevitable ocurrió: Todo se inundó.

Cada motor, cada transmisión, cada tanque de gasolina quedó completamente sumergido. Cada vehículo requería un cambio completo de aceites y fluidos.

Durante los siguientes diez días, mientras las aguas apestosas retrocedían lentamente, me vi envuelto en una tormenta de actividad imparable, apenas dándome el lujo de dormir. Corría de un lado a otro, haciendo todo lo posible para garantizar el éxito de la visita del equipo. No descansé casi nada durante esos diez días... pero lo logramos.

La verdad es que todo el verano de 1990 fue una batalla continua. Obstáculo tras obstáculo, sin tregua. Y yo no entendía por qué todo tenía que ser tan difícil.

Después de la intensa temporada de equipos misioneros, Mary Jo voló a Estados Unidos para visitar a sus padres, y yo decidí reunirme con ella en San José, California, manejando mi Blazer recién reparada.

El viaje iba de maravilla. Lo disfruté mucho y hasta estaba decidido a batir mi propio récord personal en el trayecto hacia el norte.

Pero justo antes de llegar a Obregón, Sonora, noté que el tráfico estaba completamente detenido. Intrigado, me acerqué al conductor frente a mí y le pregunté:

—¿Por qué está parada toda la fila?

—Hubo una inundación hace dos días —me respondió—. El camino más adelante está bajo casi dos metros de agua. Llevamos dos días esperando aquí.

Me fui a la parte trasera de mi Blazer, tomé mi Biblia y decidí aprovechar ese tiempo inesperado para orar. Después de una hora, pensé: ¿Y si mejor regreso al pueblo y busco un hotel?

Aunque la mayoría de los hoteles estaban casi llenos, logré encontrar una habitación, disfrutar de una buena comida y dormir profundamente. A la mañana siguiente, encendí la televisión, y lo primero que escuché fue al presentador anunciar que la carretera había sido despejada. Con calma, regresé a la autopista y continué mi viaje hacia San José, California.

Mientras manejaba, me di cuenta de que algo había cambiado profundamente dentro de mí. No entré en pánico por la inundación ni por el cierre de la carretera. No sentí el estrés familiar que antes me habría consumido. No cuestioné a Dios, ni le pregunté por qué estaban saliendo mal las cosas, ni qué había hecho yo para merecerlo. En lugar de eso, sentí una paz inesperada.

Al mirar atrás, ahora me doy cuenta de que ese verano tan difícil fue mi "entrenamiento en paciencia".

> Ese verano tan difícil fue mi "entrenamiento en paciencia".

Solemos decir:

—Señor, dame paciencia... ¡pero dámela ya! Pero la paciencia no se aprende en la comodidad, sino a través del tiempo y las pruebas. Como dice Santiago 1:2-3:

> *Tengan por sumo gozo, hermanos míos, cuando se hallen en diversas pruebas, sabiendo que la prueba de su fe produce paciencia.*

Cuando Jesús les dijo a Sus discípulos que las montañas se lanzarían al mar, no les dio un plazo. Muchas veces esperamos que las montañas se muevan de inmediato, pero he aprendido —por las malas— que algunas colinas son tercas y se mueven despacio. Y en esos momentos, nuestra paciencia se convierte en la evidencia más clara de nuestra fe.

Sostenidos por grasa y fe

—¿Qué es lo que más necesitas? —me preguntó un pastor durante un viaje a Seattle en 1993.

Sin pensarlo dos veces, le respondí:

—Un vehículo confiable.

En ese tiempo, yo viajaba varias veces al año desde el centro de México hasta la costa oeste de Estados Unidos, y era un trayecto desafiante. Mi vieja Ford Bronco —que había sustituido a la Chevy Blazer— consumía demasiada gasolina y era demasiado insegura y poco confiable para llevar a mi familia en esos viajes tan largos. La montaña que teníamos enfrente era el dinero necesario para conseguir algo mejor.

El pastor solo dijo:

—Está bien. Pero en el siguiente servicio, se puso de pie y declaró:

—Vamos a comprarle un vehículo nuevo a Diego. ¿Quién quiere dar?

Los miembros de la iglesia comenzaron a pasar al frente, y juntaron $17,000 dólares. Después, otro hermano mencionó que tenía un contacto en una agencia Ford local. Al día siguiente, nuestra montaña había sido movida, y firmé el contrato para una camioneta Ford totalmente nueva.

Fue un milagro enorme, pero quedaba un último obstáculo: Tenía que llevar mi vieja Bronco desde Mazatlán hasta Seattle para entregarla como parte del trato. Al regresar a México, llamé a un buen amigo llamado Javier, y juntos nos lanzamos a la aventura. Manejamos sin parar por los desiertos del noroeste de México y el suroeste de Estados Unidos, llegando a Los Ángeles en dos días. Como teníamos que estar en Seattle antes del domingo, seguimos adelante, empujándonos a seguir avanzando.

Sin embargo, al acercarnos a las montañas del norte de California, nos topamos con nieve. Las carreteras serpenteantes y congeladas redujeron nuestra velocidad, y Javier —que nunca había visto nieve— me miró con ojos de niño y me suplicó:

—Nunca he visto nieve. ¿Podemos parar? ¡Quiero tocarla!

A regañadientes, tomé la salida hacia el pueblito de Shasta. Afortunadamente, el camino tenía una inclinación hacia arriba, porque la Bronco siguió rodando incluso cuando pisé el freno. Usando el freno de mano, logré detenernos en la orilla. Salí a revisar qué estaba mal.

Todo parecía en orden hasta que vi que la llanta delantera del lado del pasajero colgaba en un ángulo de 45 grados. La carcasa del balero se había roto, y las balatas del freno estaban desaparecidas. Fue un milagro que la llanta no saliera volando en una curva. Gracias a Dios que Javier quiso tocar la nieve.

El problema era que estábamos en fin de semana en un pueblo pequeño, y necesitábamos llegar en Seattle al día siguiente, a diez horas de distancia. Nos hacían falta todas las piezas del sistema delantero de la llanta, ¡y las necesitábamos ya! Encontramos una tienda de autopartes abierta que tenía el balero nuevo y las piezas del freno, pero no tenían la carcasa del balero —solo se podía conseguir en un deshuesadero de autos.

Con las piezas en mano, y mucha grasa, armé todo de nuevo, rellenando el espacio con grasa y envolviendo plástico alrededor de la parte expuesta. Poco después, estábamos de nuevo en la carretera. La llanta tambaleaba, y Javier tenía que asomarse por la ventana, cada pocos minutos, para verificarla. Cuando por fin llegamos a Seattle, ya había visto más nieve de la que habría querido en toda su vida.

> Fue la mano de Dios la que nos sostuvo —a nosotros y a esa Bronco.

El lunes siguiente fuimos a la agencia a recoger la camioneta nueva y entregar la vieja Bronco. Justo cuando entramos al lote de la agencia... ¡los frenos fallaron otra vez! Esa troca se sostuvo milagrosamente hasta el último segundo.

Fue la mano de Dios la que nos sostuvo —a nosotros y a esa Bronco. Sé que Él me sostuvo una vez más mientras caminábamos por fe. Dios movió todos los obstáculos para darnos el vehículo que necesitábamos para cumplir Su voluntad en México.

Venciendo tus montañas mentales

Algunas montañas no están frente a ti, sino dentro de ti.

Son ideas o limitaciones mentales con las que has aprendido a vivir —creencias que te frenan, pero que Dios quiere que superes por fe. —Diego, no me lo tomes a mal, pero tú no eres un líder principal, y no eres administrativo —me dijo un hombre de negocios y líder cristiano en 1991, cuando pregunté sobre la posibilidad de dirigir un centro de Juventud con una Misión en otra ciudad de México—. No tienes lo que buscamos... pero puedes ayudar al que sí vamos a enviar.

No puedo ni contar cuántas veces la gente me ha etiquetado o me ha dicho que no doy el ancho.

—Eres un payaso.
—No tienes título.
—No eres "cool".
—Eres un desordenado.

Una y otra vez, la gente emitía sus juicios, diciéndome todo lo que no podía ser.

Pero Jesús finalmente rompió esas cadenas en mi mente. Me dijo:

—No quiero que vivas según las palabras de los demás. Quiero que me sigas a Mí. Yo moveré cada montaña, cada obstáculo en tu camino.

La gente es rápida para etiquetarte con base en tus fracasos o debilidades aparentes, convirtiéndolos en tropiezos. Pero aprendí algo clave: no puedes dejar que otros definan quién eres. Sus opiniones no determinan tu valor ni tu destino.

No importa si no eres capaz, si no eres lo suficientemente inteligente, o si no es tu don. Lo único que importa es si Él dijo: "Ven". Dios siempre te llamará a hacer lo imposible, a mover montañas. Yo me imagino a la gente riéndose, burlándose mientras le hablas a tus montañas. Pero recuerda esto: ellos no tienen el mismo llamado que tú. Ellos tienen sus propias montañas, pero no tienen la gracia para mover las tuyas.

Cuando era un nuevo creyente, Dios me rodeó de varios miembros mayores de la iglesia, pero una mujer en particular se convirtió en mi mentora espiritual.

Me regaló una Biblia y, en la parte interior de la portada, escribió Isaías 45:2-3:

Yo iré delante de ti
Y allanaré los lugares escabrosos;
Romperé las puertas de bronce
Y haré pedazos sus barras de hierro.
Te daré los tesoros ocultos,
Y las riquezas de los lugares secretos,
*Para que sepas que soy Yo, El S*ᴇɴ̃ᴏʀ,
Dios de Israel, el que te llama por tu nombre.

Esas palabras se quedaron grabadas en mí desde entonces. Cada vez que me topo con "puertas de bronce" o "barras de hierro," me aferro a esta promesa. Conozco al Dios que mueve montañas. Para Él, nada es imposible. Cuando la gente dice que no puedo hacer algo para lo que Jesús me ha llamado, sigo Su palabra, no la de ellos.

Cuando alguien te diga que no puedes hacer algo, mira a Jesús. Si Él dice: "Ven," da el paso y obedece. Hazlo, aunque se burlen de ti y te digan que es imposible.

Así es como se empieza a caminar por fe. Y si sigues caminando el tiempo suficiente, te darás cuenta de que estás bailando sobre las aguas.

CAPÍTULO 7
SIGUE MIRANDO A JESÚS

Si ustedes, pues, han resucitado con Cristo, busquen las cosas de arriba, donde está Cristo sentado a la diestra de Dios.

Colosenses 3:1

Solíamos cantar una cancioncita:

Pedro quiso andar en el agua,
pero todo se puso más duro aún.
Miró abajo y se dio un chapuzón...
Y la lección que deja esta historia es:
no mires abajo si vas hacia la gloria,
no mires tu pasado sucio y sin perdón.

Es una canción simple, hasta un poco tonta... pero encierra un mensaje poderoso:

Lo que enfocas, importa.

Cuando caminas sobre el agua, no puedes darte el lujo de distraerte con el viento y las olas. La única forma de mantenerte firme es fijar intencionalmente tu mirada en Jesús.

Esto me recuerda a la historia de Nehemías. Fue nombrado gobernador de los exiliados que regresaron de Babilonia para reconstruir Jerusalén. A pesar de enfrentar obstáculos enormes, Nehemías nunca perdió el enfoque. Sus enemigos intentaron de todo para distraerlo, para hacerlo caer, para detener la obra. Él mismo escribió:

> *Le pagaron por esta razón: para que yo me atemorizara y obrara de esa manera y pecara, y así ellos tuvieran un mal informe de mí y pudieran reprocharme (Nehemías 6:13).*

Me impacta la perseverancia de Nehemías en medio de tanta oposición.

El enemigo sigue usando las mismas estrategias hoy: distracciones disfrazadas, ataques emocionales, dudas sutiles, pensamientos oscuros... todo con el fin de desenfocarnos y alejarnos del propósito de Dios.

Pero aquí está la clave:

Mantén tus ojos en Jesús. Aun cuando todo a tu alrededor parezca caótico, confuso o contradictorio. Porque si dejas de mirar a Jesús y empiezas a mirar las olas... te hundes. Pero si fijas tu mirada en Él, caminarás donde otros se ahogan.

No me vas a tumbar

Comprendí este principio por primera vez hace muchos años, cuando aún era soltero... y un poco tonto. (Quizá "inocente" suene mejor, pero la verdad es que a veces me sentía bastante tonto). En fin, yo era un cristiano relativamente nuevo y tenía una amiga. Ella tenía una compañera de cuarto que me atraía. Le pregunté a mi amiga si podía visitarlas en su pequeño departamento, y me dijo que sí. Lo que yo no sabía era que mi amiga tenía sentimientos por mí.

Cuando llegué, mi amiga me recibió en la puerta y me dijo:

—No me siento bien; tengo un resfriado.

Preocupado, le ofrecí llevarla a un restaurante, pensando que eso podría animarla. Pero lo rechazó, diciendo:

—Lo siento. Me siento fatal. Tal vez en otra ocasión.

Como no quería desperdiciar la visita, le pregunté a su compañera de cuarto —la que me gustaba— si quería salir en su lugar. Ella aceptó, y la verdad es que la pasamos muy bien. Me fui con la esperanza de que algo más pudiera surgir entre nosotros. Sin embargo, cuando regresamos, mi amiga me apartó y me dijo que necesitaba hablar conmigo.

—¡Eso fue muy cruel! ¿Por qué viniste a verme y luego saliste con ella? —me reclamó, visiblemente furiosa.

Me quedé en shock y de inmediato me disculpé, pidiéndole perdón por haber sido tan insensible. Pero ella no había terminado. Siguió reprendiéndome, y remató con el comentario:

—Necesitas sanidad interior.

Salí de ahí sintiéndome destruido y deprimido, y desde ese momento empecé a escarbar en cada falla y error que pudiera encontrar en mí mismo. Entre más analizaba, peor me sentía.

No pasó mucho tiempo antes de que otros empezaran a notar mi estado de ánimo.

—Se supone que tú eres el líder —me decían—. ¿Por qué andas todo cabizbajo? ¿Dónde quedó el gozo del Señor?

Parecía que dondequiera que volteaba, alguien tenía una represión más para mí. Entre el desorden emocional y la carga de trabajo, ya me estaba desgastando. Fue entonces que me encontré con un versículo en Daniel 7:25 que en inglés dice que el diablo agotará a los santos.

Y entonces me cayó el veinte: "El diablo me está desgastando", pensé.

En mis veintitantos años, ya me sentía quemado.

Había escuchado historias de ministros que no duraban en el ministerio por agotamiento, y me preguntaba si ese sería también mi destino.

Afortunadamente, me dieron un tiempo libre, así que fui a Washington para visitar a mi familia y reunirme con mi pastor.

—El diablo me está quemando —le dije al pastor.

Le confesé que necesitaba sanidad interior y que me sentía como un fracaso total, incluso le cité el versículo de Daniel.

—Creo que ya me quemé —añadí, sintiéndome completamente derrotado.

—Diego, tienes los ojos puestos en el diablo. Necesitas volver a poner los ojos en Jesús —me respondió—. No te enfoques en lo que el diablo está haciendo ni en tus fracasos. Mira a Jesús. Él es el Autor y Consumador de nuestra fe.

Por supuesto, tenía razón. ¿En qué estaba pensando? Como Pedro, había estado mirando el viento y las olas, dejando que el miedo y la duda me consumieran. Entonces, vinieron a mi mente las palabras del antiguo coro de Helen H. Lemmel:

> *Pon tus ojos en Cristo,*
> *tan lleno de gracia y amor.*
> *Y lo terrenal sin valor será*
> *a la luz del glorioso Señor.*[2]

En cuanto volví a mirar a Jesús, por fe, el peso y la opresión se levantaron. No necesitaba sanidad interior porque mi viejo yo ya había sido crucificado con Cristo. El diablo no podía desgastarme porque el Señor era mi fuerza. Volví a caminar sobre las aguas, porque lo que era imposible para mí, era posible para Cristo.

Ojalá pudiera decir que esa fue la última vez que quité mis ojos de Jesús, pero no puedo. Lo que sí puedo decir es que la lección que entendí en ese momento me ha acompañado hasta el día de hoy. Cuando siento que empiezo a caer en el

---

2 Helen H. Lemmel, *Turn Your Eyes Upon Jesus* (1918).

miedo, la vergüenza o la inseguridad, he aprendido a quitar mi enfoque de mí mismo —de mis debilidades o problemas— y volverlo hacia Jesús. Cuando la tormenta arrecia y el viento sopla fuerte, esa es la única manera de mantenerme a flote.

La vida secreta de un vendedor de camarón

Este principio de mantener los ojos en Jesús es esencial, no solo cuando podemos ver a nuestros enemigos a nuestro alrededor, sino también cuando estamos navegando peligros invisibles o desconocidos.

Un par de años después de mudarme a Mazatlán, cuando empecé a ministrar en las montañas de Sinaloa, quería integrarme con la gente local. No fue sino hasta más tarde que me di cuenta de que estaba en una zona donde los narcos cultivaban las drogas que vendían. Al principio, yo no tenía idea del alcance del narcotráfico en esa región. Llegaba al pueblo con valentía, hablando con la gente sobre Jesús. Pero pronto noté que muchos eran muy resistentes conmigo —la mayoría me evitaba y nadie me invitaba a sus casas.

Mi primer amigo en el pueblo fue El Gallo. Le gustaba bromear conmigo mientras yo me sentaba en su pequeño puesto de cóctel de camarón en la plaza.

—¿Y tú qué haces aquí? —me preguntaba—. ¿Andas buscando mujer, droga o dinero?

—No —le respondía—. Estoy aquí para invitarte a conocer a Jesús y venir conmigo a la iglesia.

Siempre teníamos la misma conversación, pero poco a poco, empezó a tomarme confianza. Con el tiempo, incluso me ayudó a encontrar un lugar para rentar —algo que nadie más estaba dispuesto a hacer por mí.

Un día, El Gallo me confesó:

—Toda la gente del pueblo piensa que eres agente de la DEA. Nadie te cree eso de Jesús, y nadie confía en ti. Cuando te ven venir, corren a esconder sus plantitas de mota.

¿A poco? no tenía ni idea —le dije, asegurándole que no tenía nada que ver con la DEA.

El Gallo me ayudó, pero también tenía sus problemas y estaba relacionado con el narcotráfico. Siempre me pregunté cómo un simple vendedor de cócteles de camarón podía tener tanto dinero y tantas cosas.

Un día, El Gallo anunció que iba a salir a la ciudad.

—¿Me das un aventón? —le pidió un joven, y El Gallo aceptó de inmediato.

En el camino hacia Mazatlán, unos hombres los interceptaron, y le dispararon a El Gallo siete veces en la cara. El joven que pidió el aventón intentó huir, pero le dispararon por la espalda.

No fue sino después de esa tragedia que supe que El Gallo lavaba dinero y que se había metido con la gente equivocada. Si lo hubiera sabido antes, quizá habría sido más cuidadoso al pasar tanto tiempo con él —pero no lo sabía.

Aunque es sabio evitar el peligro cuando podemos, hay momentos en los que no somos conscientes y nos encontramos caminando por lugares peligrosos. El único lugar verdaderamente seguro es en la voluntad de Dios, con los ojos puestos en Jesús —y no en las distracciones a nuestro alrededor.

El Señor te sostendrá

Mi hermana y sus hijos, que también vivían en Mazatlán, vinieron a visitarnos un día. Mientras Mary Jo y mi hermana platicaban, los niños jugaban afuera. Los vecinos habían colgado un columpio de un árbol en la pequeña isla que dividía la calle de nuestra tranquila colonia residencial.

De repente, un fuerte golpe sobresaltó a mi esposa y a mi hermana. Salieron corriendo y vieron a Levi, el hijo de mi hermana, tirado boca abajo en medio de la calle. Dos carros acababan de pasar cuando él corrió hacia el columpio. El auto más lento lo había golpeado, lanzándolo por los aires y haciéndolo dar vueltas, mientras que el otro carro, que iba más rápido, se dio a la fuga sin detenerse.

Temiendo lo peor, corrieron hacia él. Para su inmenso alivio, parecía estar bien, salvo por un chichón en la cabeza y una cortada pequeña. El hombre que lo había atropellado asumió toda la responsabilidad e insistió en llevar a Levi al médico.

Increíblemente, no tenía ni un solo rasguño más allá del pequeño golpe.

—¿Qué pasó? —le preguntó mi hermana a Levi.

Y él respondió:

—Ese hombre me atrapó.

Pero no había nadie más en la calle, y los otros niños lo habían visto solo. Concluimos que un ángel debió haberlo atrapado, y que el Señor había protegido su vida.

Me encanta el versículo:

> ¿Cuántas veces el Señor nos ve cuando nosotros ni nos damos cuenta?

El eterno Dios es tu refugio, y debajo están los brazos eternos (Deuteronomio 33:27).

A menudo me recuerdo que esos brazos eternos siempre están ahí para sostenerme.

¿Cuántas veces el Señor nos ve cuando nosotros ni nos damos cuenta? Los que caminan por fe están sintonizados con lo invisible —saben que el Señor ha dado órdenes a sus ángeles para que nos cuiden.

Fuimos testigos muchas veces de la protección y provisión del Señor en Mazatlán. Mientras manteníamos nuestros ojos en Jesús, Él nos cuidaba y suplía nuestras necesidades. Incluso cuando la renta iba a subir, encontramos un lugar más barato, más seguro y en mejor ubicación.

Su mano estuvo con nosotros en cada paso del camino.

Nos robaron todo

La puerta principal de la iglesia no solo estaba abierta —estaba tirada en el suelo, arrancada de las bisagras. Cuando Dave y yo entramos, de inmediato nos dimos cuenta de lo que había pasado. Se habían robado todo: nuestro teclado nuevo de $9,000 dólares, el equipo de sonido, computadoras, efectivo y varios instrumentos.

Una profunda sensación de desaliento y violación me invadió. Habíamos reunido cada centavo para conseguir ese equipo especial para la iglesia en Mazatlán, y ahora todo se había esfumado.

Dos vecinos se acercaron y nos dijeron: —Sabemos quién entró. Fueron los chavos que viven en la siguiente calle. Era una pandilla, un grupo peligroso del que ya estábamos bien enterados.

En lugar de dejarnos llevar por la desesperación y la ira, tomamos unos minutos para orar ahí mismo, en medio de nuestra oficina saqueada. Le pedimos a Dios paz y dirección, y luego contactamos a la policía.

—Sabemos quién lo hizo. ¿Pueden ir a recuperar nuestras cosas? —les pregunté a los dos agentes que habían respondido al reporte.

—Vamos a tratar de investigarlo —respondieron, con un tono que dejaba claro que no iban a mover ni un dedo por voluntad propia.

Ahí fue cuando me cayó el veinte: esos hombres ganaban unos $100 pesos al día. No iban a arriesgarse enfrentando a una pandilla sin recibir nada a cambio.

—Les doy $400 dólares a cada uno si recuperan nuestras cosas —les ofrecí.

Para la tarde me contactaron:

—Tenemos sus cosas. Pueden venir a recogerlas.

Cuando llegué a la estación, vi que habían recuperado como la mitad de los objetos robados. Les entregué $200 dólares a cada uno.

—Usted dijo 400 —me recordaron.

—Sí, por todo. Pero esto es solo la mitad —les respondí.

Ya por la noche, volvieron a llamarme con el resto —todo, menos un disco duro que valía unos $100 dólares. Al final, me costó $800 dólares, pero recuperamos artículos con valor de varios miles.

Esta situación me recordó la historia en la Biblia cuando le robaron todo a David y a sus hombres, incluso a sus familias. Los hombres, devastados por la pérdida, incluso pensaron en matar a David. Pero en lugar de rendirse a la desesperación, David levantó su mirada hacia el Señor:

> *Y David estaba muy angustiado porque la gente hablaba de apedrearlo, pues todo el pueblo estaba amargado, cada uno a causa de sus hijos y de sus hijas. Pero David se fortaleció en el Señor su Dios. (1 Samuel 30:6)*

Aun en la tragedia y la pérdida —o especialmente en ellas— debemos siempre mirar a Jesús. El viento puede soplar fuerte, y las olas pueden levantarse, pero si mantenemos nuestros ojos en Él, Él nos sostendrá por encima de la tormenta, y saldremos al otro lado.

San Ignacio

En 1993, me arrodillé sobre la tierra, en el camino frente a la pequeña casa que rentábamos en San Ignacio, Sinaloa. Cada domingo hacíamos el viaje de hora y media desde Mazatlán hasta este pequeño pueblo, ubicado en una región notoriamente conocida por el narcotráfico. Habíamos saturado San Ignacio durante más de dos años con Biblias, eventos especiales, visitas, oraciones y folletos. Pero ese día, nadie vino al servicio, después de toda la preparación, incontables ensayos, y de poner las sillas y el equipo de sonido.

Mientras me arrodillaba ahí, me invadió una profunda frustración. Sentí el deseo de maldecir al pueblo, de sacudirme el polvo de los pies y dejar todo atrás. La vida era mucho más fácil antes de decidir venir aquí, pensé. No me quieren. Estoy echando perlas a los cerdos.

En ese momento de desánimo, oré por paciencia, luchando por encontrar propósito en medio del rechazo. Entonces, el Señor me recordó una promesa que me había dado tiempo atrás: "Porque Yo estoy contigo, y nadie te atacará para hacerte daño, porque Yo tengo mucha gente en esta ciudad" (Hechos 18:10).

Decidí creer en Su promesa, y al levantar la mirada, unas cuantas personas habían llegado. Al final, tuvimos un excelente servicio, y una vez más, el Señor nos animó.

Trabajamos en San Ignacio durante cinco años, y cada paso fue una lucha. Sin saberlo al principio, habíamos iniciado la iglesia en la casa de un conocido narcotraficante. En esa misma calle donde rentábamos, cada vecino había perdido a alguien por la violencia. Un joven de nuestra iglesia viajaba por la sierra montado en su mula, cuando se detuvo para ayudar a alguien con su caballo; lo asesinaron a sangre fría.

Quise renunciar incontables veces. El pueblo parecía imposible de alcanzar, y muchas veces soñé con mudarme a otros campos de ministerio. Pero nunca pude quitarme de la mente las palabras que Jesús me había dado:

"Yo tengo mucho pueblo en esta ciudad".

Las personas de fe no retroceden. La única razón por la que seguimos aquí es porque nos negamos a rendirnos. No miramos hacia atrás al bote del cual salimos, ni miramos hacia abajo las olas bajo nuestros pies. Seguimos mirando a Jesús.

Si deseas estar en otro lugar o ser otra persona, quizá necesites revisar en qué estás enfocado. ¿Estás enfocado en lo que tienes o en lo que te falta? Es una mentira pensar que vas a cambiar solo por cambiar de lugar o de ocupación, porque a donde vayas... ahí estarás tú. La Biblia dice:

Más mi justo vivirá por la fe; Y si retrocede, mi alma no se complacerá en él. Pero nosotros no somos de los que retroceden para perdición, sino de los que tienen fe para la preservación del alma.
(Hebreos 10:38-39)

Cuando pones tu mirada en Jesús, encuentras fuerzas para perseverar incluso cuando la tormenta dura mucho más de lo esperado. ¿Cuántas veces renunciamos justo antes de que se rompan las nubes y se calme el mar? Aunque las decepciones, los peligros y los desafíos nos rodean, si puedes volver tu mirada a Jesús, encontrarás la fuerza y la resistencia para cumplir el llamado de Dios.

> La única razón por la que seguimos aquí es porque nos negamos a rendirnos.

Oreja tonta, nariz tonta

Con el tiempo, el Señor habló a mi corazón y me dijo:

—Es tiempo de comenzar en otro pueblo.

Después de cinco años en San Ignacio, la iglesia era pequeña pero estable. Sabía que era momento de dar un nuevo paso. Ya teníamos un pastor preparado para quedarse y continuar el trabajo, pero el equipo misionero de Mazatlán debía avanzar. Reuní al equipo y compartí mi convicción: era hora de comenzar una iglesia en otro lugar.

Nuestro equipo había llegado a amar San Ignacio, pero yo lo sentía con certeza. —Tenemos que dar el paso. Nunca avanzaremos si no caminamos por fe —les dije, mientras les compartía la visión que Dios había puesto en mi corazón. Cada miembro del equipo lo entendió, y nos preparamos para dar ese siguiente paso de fe juntos.

Lanzamos la iglesia en La Cruz, Sinaloa, con un evento especial en la plaza del pueblo. A diferencia de San Ignacio, la gente de La Cruz tenía hambre de Dios. Cientos asistieron a la reunión, y la energía en el ambiente era palpable. Con entusiasmo, invité a cualquier persona enferma a pasar al frente para orar por ellos, esperando tal vez unas pocas personas. Para mi sorpresa, como 500 se formaron, todas con la esperanza de recibir sanidad.

Recuerdo el agotamiento de orar por cada persona, pero lo que más me impactó fue que parecía que nada pasaba. A pesar de nuestras oraciones fervientes, nadie parecía sanar. Algunos incluso volvían al final de la fila para intentarlo de nuevo. Un hombre se acercó, quejándose de dolor en las piernas. ¿Tú crees que te duelen las piernas? ¡Yo llevo horas de pie aquí! —pensé, ya algo frustrado.

Cuanto más orábamos, más frustrado me sentía. Yo sabía que Jesús sanaba —lo había visto con mis propios ojos muchísimas veces— pero parecía que ese día en La Cruz, Él había decidido no sanar a nadie.

Una persona más se acercó y le pregunté:

—¿Por qué quieres que oremos?

—No oigo del oído izquierdo —respondió.

Así que oré, incluso poniendo mis manos sobre su oído.

—¿Ya me puedes oír? —le pregunté, con la esperanza de un milagro.

Movió el dedo de un lado al otro, en ese gesto tan mexicano de "no".

Algo dentro de mí tronó. Sin pensar, solté:

—¡Estúpido oído, ábrete!

Afortunadamente lo dije en inglés, para que no se ofendiera.

De repente, el hombre gritó:

—¿Qué? ¡Sí oigo! ¡Sí oigo!

Empezó a brincar, emocionado, contando a todos que Dios le había devuelto el oído.

Animado, llamé al siguiente.

—No tengo sentido del olfato —me dijo cuando le pregunté qué necesitaba.

Miré alrededor y pregunté si alguien tenía perfume. Alguien me pasó una botellita, y me eché una buena cantidad en la muñeca.

—A ver, ¿puedes oler esto? —le pregunté, acercando la muñeca a su nariz.

—No, nada —respondió.

—Bueno, vamos a orar.

Oré en español, pidiéndole al Señor que restaurara su olfato. Luego, le acerqué otra vez la muñeca.

—No, nada —repitió.

Para ese momento, todo el ánimo que me había dado la sanidad anterior empezaba a desvanecerse, y la frustración se apoderaba de mí. Una vez más, en inglés, murmurando, dije:

—Estúpida nariz, ábrete.

Esta vez, al acercar mi muñeca, sus ojos se abrieron como platos.

—¡Puedo oler! ¡Puedo oler! —gritó. Lleno de alegría, empezó a decirle a todos lo que el Señor había hecho.

Ese momento rompió algo en el ambiente, y antes de darnos cuenta, cientos de personas fueron sanadas y salvas esa misma noche en La Cruz. Al final del servicio, un hombre se acercó y nos ofreció usar su edificio en el centro del pueblo para empezar la iglesia. Lo que nos tomó cinco años en el primer pueblo, Dios lo hizo en una sola noche en La Cruz.

Con el tiempo, plantamos cinco iglesias al norte de Mazatlán, incluyendo San Ignacio, y esas iglesias siguen en pie. Aprendí muchas lecciones valiosas en el camino. Por encima de todo, entendí la verdad de Salmo 127:1:

Si el Señor no edifica la casa,
En vano trabajan los que la edifican;

*Si el S*ᴇÑᴏʀ *no guarda la ciudad,*
En vano vela la guardia.

Esas sanidades no tuvieron nada que ver conmigo —yo ya casi me había rendido, como lo dejaron claro mis palabras frustradas. En esos momentos de debilidad, la fuerza de Dios se mostró con más claridad. Ahora sé que yo no puedo caminar sobre el agua en mi propia fuerza —siempre tiene que ser el Señor quien me sostenga. Él edifica la casa. Él abre los oídos, las narices, los ojos y los corazones. Y cuando Él empieza algo, Él lo lleva hasta el final.

En el lugar correcto, en el momento justo

Cuando el Señor nos guía y mantenemos nuestros ojos en Él, terminamos en lugares increíbles y vivimos citas divinas.

Un día dije:

—Deberíamos hacer los bautizos en el río en lugar del océano.

La Cruz está justo junto al mar, y siempre habíamos disfrutado bautizar a las personas en las olas, pero esta vez quise probar algo nuevo. Así que subimos a todos en mi camioneta y nos dirigimos al río.

Para llegar, tuvimos que cruzar un puente alto por el que nunca había pasado antes. Mientras conducía, notamos a una muchacha sentada sobre la baranda, hablando con un chico en una motocicleta. Uno de los miembros del equipo gritó:

—Creo que está pensando en lanzarse.

Justo cuando lo dijo, todos soltaron un grito, y ella saltó.

—¡Lo hizo! —dijo, en shock. Afortunadamente, el chico de la moto logró agarrarla del tobillo, dejándola colgando a unos diez metros sobre el pavimento. Corrimos a ayudarlo a subirla.

Estaba completamente fuera de sí mientras la sentábamos en la banqueta, tratando de calmarla.

—Quiero morirme —repetía una y otra vez.

Noté que llevaba una pulsera de hospital en la muñeca.

—Tranquila. Vamos a llevarte al hospital —le aseguré.

Subimos a todos de nuevo a la camioneta, pero mientras arrancábamos, ella seguía gritando y forcejeando.

La gente va a pensar que la estamos secuestrando, pensé, así que detuve la camioneta rápidamente y me volteé hacia ella.

—Si no te calmas, mejor te llevamos con la policía —le advertí.

Eso pareció funcionar. No quería ir ni al hospital ni con la policía, así que decidimos llevarla a la casa donde hacíamos los servicios.

Las chicas se la llevaron adentro, mientras yo me puse a preparar el servicio y organizar la alabanza. Después de un par de horas, la gente empezó a llegar. Vi que las chicas que habían estado con la joven ya estaban sentadas... pero yo no veía a la chica del puente.

—¿Qué pasó con ella? ¿Dónde está? —pregunté.

—Aquí está —dijeron, señalando a una chica que parecía totalmente distinta.

—Le entregó su vida a Jesús. Él la salvó y sanó su corazón roto.

Nunca había presenciado una transformación tan instantánea y completa. Era una nueva creación, cuerda y en paz. Estaba tan cambiada que ni siquiera la reconocí.

Jamás habíamos cruzado ese puente, pero el Señor nos envió a pasar por ahí en el momento exacto en que ella necesitaba ayuda. Me asombra cómo el Señor dirige nuestros pasos y usa a Su pueblo para buscar y salvar lo que se había perdido. Nuestro trabajo es enfocarnos en Él y seguir Su dirección; el Suyo es asegurarse de que estemos en el lugar correcto en el momento justo.

Los peligros que vemos —y los que no vemos

Déjame contarte una última historia que ilustra cómo Dios cuida de nosotros cuando mantenemos nuestros ojos en Él, incluso cuando no somos conscientes de los peligros que nos rodean.

Habíamos llevado a un pastor de la ciudad llamado Gilberto a La Cruz. Era una persona maravillosa, con muchas cualidades admirables, pero venía con costumbres de la ciudad que no encajaban muy bien en el pueblo. En la ciudad, es común saludar a las mujeres con un beso al aire en la mejilla, pero en los pueblos eso no es bien visto.

Cuando Gilberto saludó a las mujeres de La Cruz de esa manera, sin saberlo, ofendió a sus esposos.

—Ese pastor estúpido que mandaste está coqueteando con nuestras mujeres. ¿Qué vas a hacer al respecto? —me reclamó un hombre.

En ese momento no lo sabía, pero ese hombre era el principal narcotraficante del pueblo. Le expliqué que ese tipo de saludo era algo común en la ciudad y que Gilberto no tenía ninguna mala intención ni quería quitarles a sus esposas. Después de eso, la situación pareció calmarse, y le pedí a Gilberto que dejara de besar a las señoras para evitar malentendidos.

La semana siguiente, Dave —otro pastor de Mazatlán— y Gilberto fueron a La Cruz para el servicio. Al terminar, decidieron tomar la autopista de cuota para regresar más rápido, aunque existía la opción de irse por la carretera libre, que toma unos 30 minutos más.

Dos días después, regresé al pueblo y visité al hombre que se había ofendido con Gilberto.

—¿Por dónde se fueron tus muchachos después del servicio? —me preguntó.

Le dije que habían tomado la autopista de cuota.

—Tuvieron suerte —dijo con frialdad—. Mis muchachos y yo los estábamos esperando en la entrada de la carretera libre.

Luego me mostró sus metralletas. —Más vale que nunca vuelvas a traer a ese tipo a este pueblo —me advirtió.

Sin saberlo, escaparon con vida. El hombre con el que tratábamos era una amenaza muy seria, y en ese momento, no teníamos ni idea.

¿Cuántos peligros y trampas nos ha librado el Señor mientras caminamos sobre el agua? Cuando mantenemos nuestros ojos en el Señor, Él guía, protege, provee y nos salva de los peligros —tanto de los que vemos como de los que no vemos.

CAPÍTULO 8
NUNCA MIRAMOS ATRÁS, Y NO MIRAMOS ABAJO

Acuérdense de la esposa de Lot.

Lucas 17:32

La esposa de Lot miró hacia atrás mientras huían de Sodoma, a pesar de la advertencia del Señor: "Huye por tu vida. No mires detrás de ti y no te detengas en ninguna parte del valle" (Génesis 19:17). Es sorprendente ver lo tercamente aferrada que estaba la familia de Lot al pasado. Aunque estaban rodeados de corrupción, seguían apegados a su lugar. A pesar de sus excusas y demoras, finalmente huyeron. Pero la esposa de Lot miró hacia atrás y fue convertida en estatua de sal —un monumento que nos enseña a no quedarnos atrapados en el pasado.

Debemos avanzar, no regresar a los "buenos tiempos". Tal vez recordemos el avivamiento del Movimiento de Jesús, la risa santa de 1994, o nuestras primeras experiencias en la iglesia. Las recordamos, sí, pero no queremos regresar allí. Lo mejor todavía está por venir.

Cuando Mary Jo y yo nos casamos en 1984, hicimos este compromiso: "Hasta que la muerte nos separe". No hay otra opción. Estoy bendecido de tenerla por el resto de nuestras vidas, y ella está "atrapada" conmigo. Siempre bromeamos, pero nunca acerca del divorcio. No miramos atrás ni buscamos otras opciones. Amamos la herencia que el Señor nos ha dado, y nuestro tiempo juntos se vuelve más dulce y más alegre cada año. Hay incontables bendiciones en no mirar atrás.

Adiós, Mazatlán

Para 1998, las señales eran claras: nuestro tiempo en Mazatlán había terminado. Mary Jo y yo estábamos sentados en el edificio vacío de la iglesia orando.

—Vamos a orar hasta que el Señor nos muestre qué hacer —le dije, y Mary Jo estuvo de acuerdo.

Cuando comenzamos a plantar iglesias en México, nos asociamos con dos matrimonios misioneros para establecer una iglesia madre en la ciudad. Una de las parejas, de Estados Unidos, se había mudado a Mazatlán unos años antes que nosotros, y cuando llegamos, la iglesia ya había crecido a unas 70 personas.

Al principio, trabajar juntos fue natural. Nos complementábamos bien y la iglesia floreció. El crecimiento llegó rápido, y el ministerio prosperaba.

Pero con los años, algo cambió. En vez de complementarnos, comenzamos a competir. Lo que antes fue una fuerte colaboración, se convirtió en una lucha por la dirección y la influencia.

Después de siete años, las tensiones con esa pareja se volvieron inevitables. El conflicto se hizo evidente, y supimos que algo tenía que cambiar. No podíamos depender de nuestra sabiduría — necesitábamos la guía de Dios.

—Tuve una visión de nosotros atascados en el lodo —dijo Mary Jo después de unos minutos de oración.

Su visión me golpeó como un balde de agua fría. No quería perder mi tiempo atorado, y sabía algo sobre qué hacer en ese tipo de situación: no puedes simplemente pisar el acelerador. Tienes que hacer algo radical.

Así que invitamos a los otros pastores a nuestra casa para hablar. Mary Jo y yo estábamos decididos a encontrar una solución.

Nos sentamos en nuestra sala, que daba a la jungla, y enfrentamos con cierta incomodidad a la pareja con la que habíamos trabajado por años.

—¿Qué creen que deberíamos hacer? —pregunté.

La esposa me miró y respondió:

—Creemos que ustedes deben irse.

Sus palabras fueron como una cubetada de agua helada, pero confirmaron la realidad: no querían seguir trabajando con nosotros. Después de siete años ayudando a crecer la iglesia y plantar cinco iglesias al norte de la ciudad, nos estaban pidiendo que nos fuéramos.

Cuando una puerta se cierra en la cara, mantener los ojos en Jesús no es fácil. Ahora puedo evaluar cómo llegamos a ese punto, pero entiendo que fue otra invitación de Jesús a caminar sobre el agua y ver milagros.

Una vez más, estábamos en aguas desconocidas. Varias personas nos rogaban que nos quedáramos y plantáramos otra iglesia.

—Jamás causaré una división en la iglesia —le dije a Mary Jo.

La transición fue muy difícil para nuestra familia. Estábamos profundamente arraigados en Mazatlán, y nuestros amigos no entendían por qué los abandonaríamos. Mi hijo, que tenía apenas diez años, estaba devastado por perder a sus amigos.

> Cuando una puerta se cierra en la cara, mantener los ojos en Jesús no es fácil.

—Yo seré tu amigo —le dije, aunque no era mucho consuelo.

Tuvimos la tentación de mirar atrás o hacia abajo, pero fijamos nuestros ojos en Jesús y en el gozo puesto delante de nosotros. Sabíamos que teníamos que irnos, pero no sabíamos adónde. Era como Abraham: "Sal de tu tierra, y Yo te mostraré".

Reunimos a dos parejas y una mujer soltera, y poco más de un mes después, nos mudamos al sur, a Tepic, Nayarit. Como los miembros del equipo eran surfistas de la playa, pensábamos que nuestro destino final sería Puerto Vallarta, pero decidimos quedarnos un tiempo en Tepic —una ciudad entre Mazatlán y Vallarta— para explorar la zona desde ahí.

Mi amigo Bruce dirigía la base de Juventud Con Una Misión en Tepic, y durante nuestra transición, amablemente nos ofreció quedarnos en su casa. Una de las parejas se quedó en Mazatlán seis meses más porque la esposa estaba embarazada; los demás se mudaron con nosotros.

Teníamos un solo cuarto, y la otra pareja tomó el otro espacio disponible. Juntamos dos literas —los niños dormían arriba, y Mary Jo y yo abajo.

Paulo, uno de los que venía con nosotros, me ayudó a tocar puertas en Puerto Vallarta. Hicimos varios viajes de tres horas y media y hasta pasamos una semana buscando una puerta abierta —pero nada se abría. Regresamos a Tepic, desanimados. Yo sabía que el Señor nos llamaba a plantar una iglesia, pero no sabía dónde.

Al regresar, Bruce me preguntó:

—¿Por qué no plantan una iglesia aquí en Tepic?

Me cayó el veinte. ¿Por qué no Tepic? Fue como si un ciego recuperara la vista. Después de más oración y consejo, decidimos establecernos en Tepic. Siempre decimos que la voluntad de Dios es perfecta en retrospectiva, y es verdad. El Señor nos había preparado durante años para este tiempo y lugar.

Dolores de crecimiento

Rentamos un viejo taller mecánico en la parte trasera de un barrio peligroso y comenzamos nuestro primer servicio en julio de 1998. Oramos para que la gente viniera —o que al menos pudieran encontrarnos.

El único baño estaba detrás del edificio principal, al fondo de un lote lleno de chatarra. Cada vez que alguien necesitaba usarlo, tenía que caminar entre la oscuridad y la basura. El techo era de lámina metálica, bajo y extremadamente ruidoso cuando llovía. Incluso era difícil llegar al edificio porque todas las calles cercanas estaban destrozadas —teníamos que caminar entre montones de tierra y zanjas profundas.

Cuando no llovía, movíamos todo el equipo a un parque cercano y hacíamos los servicios al aire libre. Era mucho mejor que estar ahí dentro.

Recuerdo una reunión en especial. Habíamos invitado a un predicador, y justo cuando comenzó a hablar, dijo:

—Hoy voy a hablar sobre...

El camión que pasaba frente al local aceleró tan fuerte que su motor ahogó la voz del predicador.

Volvió a intentarlo:

—Voy a compartir con ustedes sobre...

La banda del salón de al lado empezó a tocar música a todo volumen.

Hizo un último intento:

—Hoy hablaré de...

Y entonces comenzó a llover a cántaros, golpeando el techo con un estruendo ensordecedor.

—¡Me rindo! —gritó el predicador por encima del ruido.

Y esa noche tuvimos que cancelar todo.

El dueño del taller se me acercó pidiéndome más renta. Como casi no usábamos el lugar, no estuve dispuesto a aceptar.

—Si quieres más renta, nos vamos —le dije.

En lugar de negociar u ofrecer ayudarnos a arreglar el lugar, se puso a quejarse de sus propios problemas. Estábamos en el peor edificio posible y necesitábamos salir de ahí.

Poco después, un amigo me comentó que una iglesia cercana dejaría su edificio. Le pregunté dónde era, y fui a espiar mientras sacaban sus cosas. En cuanto pude, pedí una cita con el dueño del local. Él aceptó, pero estaba muy sospechoso de mí.

—¿Sí vas a poder pagar la renta? —me preguntó con desconfianza, ya que la iglesia anterior siempre batallaba con los pagos.

Le aseguré que pagaríamos, y aunque no fue fácil, logramos cerrar el trato.

—Este lugar es perfecto —le dije mientras recorría el edificio del segundo piso que podía albergar a casi 100 personas. Estaba justo sobre la calle principal, con vista a la estación de bomberos. Sabía que habíamos encontrado el lugar ideal.

Después de vencer su desconfianza, Daniel —el dueño del edificio— se convirtió en un miembro fiel de la iglesia y un gran amigo mío.

—¡Me voy a la iglesia de los locos! —decía cada semana con una sonrisa mientras salía rumbo al servicio.

La iglesia creció rápidamente, y pronto necesitábamos más espacio.

—Te puedo rentar la planta baja —me ofreció Daniel.

Nos dio un excelente precio, aunque aún era más del doble de lo que ya pagábamos. Jesús siempre nos llama a dar pasos de fe, y esa renta era un paso importante. Eso es caminar sobre el agua —dar el paso confiando en que Dios te va a sostener. Aceptamos el trato. Con espacio para 250 personas, la iglesia creció aún más rápido, y también aumentaron las ofrendas, lo que nos permitió nunca fallar con la renta.

Reparar las ruinas

Dios claramente no estaba mirando hacia atrás ni hacia abajo —Él miraba hacia adelante y hacia arriba, y nuestro trabajo era seguirle el paso. Para mí, eso a menudo significaba cambiar mi manera de pensar sobre ciertas cosas.

Por ejemplo, yo no quería causar división ni problemas con otras iglesias, así que me mostraba reacio a recibir personas que venían de otras congregaciones.

—Quiero asistir a tu iglesia, pero ya voy a otra aquí en Tepic —me suplicó un hombre llamado Josué.

—Tienes que quedarte en tu iglesia. No vine aquí a quitarle gente a otras congregaciones —le respondí.

Regresó dos o tres veces, pidiéndome que lo dejara venir a nuestra iglesia. Entonces, mientras oraba, leí un versículo que me confrontó:

> *Entonces reedificarán las ruinas antiguas,*
> *Levantarán los lugares devastados de antaño,*
> *Y restaurarán las ciudades arruinadas,*
> *Los lugares devastados de muchas generaciones.*
> *Reedificarán las ruinas antiguas,*
> (Isaías 61:4)

Antes de que llegáramos a Tepic, algunos pastores y congregaciones habían sido golpeados por la división y la inmoralidad, dejando a muchas personas en ruinas espirituales. —Tienes que reparar las ruinas —me dijo el Señor.

Así que, la siguiente vez que vi a Josué, le dije que era bienvenido a venir. El domingo siguiente, llegaron más de veinte personas con él. Tiene una familia muy grande. Nuestra iglesia comenzó justo a tiempo para ser un refugio para muchas personas necesitadas. Vi claramente la perfecta sincronización del Señor al seguirlo sobre las aguas.

Se robaron la camioneta

"Nunca mires atrás y no mires hacia abajo" suena fácil de decir, pero ese principio será puesto a prueba. Cuando suceden cosas malas, es en ese momento cuando la decisión de seguir adelante y hacia arriba es más crucial.

Cuando comenzamos la iglesia en Tepic, recibimos algunos fondos para comprar nuevo equipo de sonido. Emocionados, nuestra familia fue a Guadalajara con otra pareja para hacer las compras. Empezamos en una tienda especializada, donde encontramos excelentes bocinas y equipo, y luego pasamos la tarde visitando otras tiendas. Por la tarde, nos detuvimos en Costco, llenamos dos carritos con provisiones, y nos dirigimos al estacionamiento para regresar a casa. Pero al acercarnos, mi corazón se hundió —mi camioneta no estaba.

—No lo puedo creer. ¡Alguien se robó mi camioneta! —dije en estado de shock, mientras buscábamos desesperadamente por toda el área.

El pánico me invadió al recordar que las bocinas y todo el equipo aún estaban en la camioneta, junto con nuestros pasaportes y $400 dólares en efectivo en la guantera.

Estoy arruinado, pensé.

Corrí rápidamente a llamar a la policía.

—¿Cuál es el número de placas? —preguntó el oficial.

Me quedé en blanco —no lo sabía, así que tuve que llamar a casa para pedir que alguien buscara mis papeles.

Mientras me sentía completamente abrumado, mi hija Rebeca me jaló la mano y me pidió ir al baño. En medio del caos, tomé su mano y caminamos hacia un restaurante cercano.

Fue entonces cuando escuché un susurro en mi mente:

—¿Qué tienes en la mano?

Miré hacia abajo y vi a mi hermosa niña. Y de repente, me cayó el veinte —no había perdido lo más importante. Todavía tenía a Rebeca.

—Ten paz —sentí que Dios me decía.

Esa palabra de aliento me sostuvo durante la dura temporada que vino después. Todavía estaba pagando la camioneta, y el seguro para turistas tardó un año entero en responder. Mientras tanto, tuve que seguir pagando por un vehículo que ya no tenía y, además, pedir prestado para comprar un coche pequeño, lo que aumentó aún más mis deudas.

Cuando por fin el seguro pagó, ya estaba en una situación financiera crítica, sin saber cómo saldría de ahí.

Pero ese suave recordatorio me mantuvo con los pies en la tierra: no había perdido lo más importante en la vida, y de alguna manera, sabía que encontraría la manera de salir adelante.

Incendios y accidentes

—La casa se quemó anoche, pero todos están bien —me dijo mi hermana por teléfono.

Gracias a Dios, mi mamá y mi hermana tenían un buen seguro, así que se mudaron a unos tráileres que instalaron en la propiedad mientras limpiaban y se preparaban para reconstruir. Sin embargo, los constructores no estaban cumpliendo con las expectativas de mi mamá y no tomaban en cuenta su opinión.

Un día, ya no aguantó más.

—Hijo, odio lo que están haciendo con la casa. Quiero que tú tomes el control —me dijo.

—¿Estás bromeando? —le respondí, pero sabía que hablaba en serio.

Así comenzó una serie de diez vuelos desde México a Seattle, cada uno acercándome más a terminar la reconstrucción.

En el décimo y último viaje, toda la familia vino conmigo.

—Estoy emocionado —le dije a Mary Jo mientras rentábamos un carro pequeño para las dos horas de camino hasta la casa de mi mamá—. Con este viaje por fin voy a ganar lo suficiente para pagar todas nuestras deudas.

Pasamos unos días en casa de mi mamá, terminando los últimos detalles. Ya con todo listo y el cheque en mano, cargamos el carro y regresamos rumbo a la ciudad. Era un típico día lluvioso en el oeste de Washington, y yo estaba ansioso por llegar al hotel donde pasaríamos la noche antes de volar para una conferencia.

Pero al tomar una curva cerrada, iba demasiado rápido. Los frenos se bloquearon, y el carro se salió del camino, cayendo hacia un barranco. Dos árboles nos detuvieron milagrosamente antes de caer más abajo. Las bolsas de aire explotaron, llenando el carro de humo, y por un momento aterrador, pensamos que se estaba incendiando. La puerta de Mary Jo quedó aplastada contra uno de los árboles, y solo pudo salir arrastrándose hacia el asiento trasero.

Todavía recuerdo la escena. Toda la familia Hansen tirada al borde de la carretera rural. Yo sangraba de la cabeza, todos adoloridos y en shock. Me quedé tirado en el pavimento, esperando la ambulancia y consumido por la culpa.

—Soy el peor padre, el peor conductor, el peor esposo... ¡Qué idiota soy! —empecé a desahogarme, la culpa aplastándome como una losa—.

Estaba saliendo de las deudas, y ahora estoy peor que antes.

Mary Jo, con su sabiduría serena, me lanzó una mirada firme y dijo simplemente:

—Cállate.

Y tenía razón. Cerré la boca... pero no la mente. Mientras por fuera guardaba silencio, por dentro hacía cuentas, preguntándome si el seguro del auto rentado —ese que venía con la tarjeta de crédito— cubriría este desastre.

Poco después llegaron los policías. Uno de ellos le comentó a mi hermana, que había llegado en cuanto se enteró del accidente, que me multarían por conducción imprudente. Pero ella no se quedó callada. Les explicó que éramos misioneros, que habíamos venido a servir. Su tono era tan firme como compasivo. Al final, el oficial se retractó.

> Escuché una voz interior que decía:
> —Cállate... y confía en Dios.

Pero mi cabeza no paraba. Los costos, las consecuencias, los "¿y si...?". Entonces llegó la ambulancia. Y más tarde, en el hospital, el doctor me cerró la herida con grapas cuidadosamente colocadas.

—¿Cuánto costará esto? —pensé, sin atreverme a decirlo en voz alta.

Hasta la simple venda que le pusieron a Rebeca me parecía un lujo innecesario. Pero entonces escuché una voz interior que decía:

—Cállate... y confía en Dios.

Así que, a pesar de la ansiedad que me invadía, comencé a alabar a Dios. Estábamos vivos. Seguíamos en Sus manos. Eso era suficiente.

Al día siguiente, todavía adolorido, pensé en cancelar mi vuelo a Phoenix donde iba a predicar. Pero recordé las palabras de un amigo:

"No puedes cancelar y dejar que el diablo gane".

Así que tomé aire, me levanté... y seguí caminando sobre el agua.

Al presentar la reclamación del seguro, expliqué que los frenos se habían bloqueado y que el auto patinó en el camino mojado. La respuesta fue desalentadora:

—No cubrimos defectos del vehículo ni peligros del camino.

Frustrado, pensé: ¿Entonces qué sí cubren? Les había enviado el informe policial, que describía mi conducción como imprudente —una conclusión con la que no estaba de acuerdo, pero que incluí de todos modos. Para mi sorpresa, aceptaron la reclamación y cubrieron los gastos.

Milagrosamente, el accidente no me costó ni un centavo ni aumentó mis deudas. Seguí libre de deudas, libre para seguir bailando sobre el agua, y más fuerte por haber superado mi preocupación y mis dudas.

Hay un edificio

Uno de los mayores ejemplos de caminar sobre el agua sin mirar atrás ha sido la milagrosa compra de nuestro edificio. Comparto parte de esta historia en mi libro ¿Quién se quedará?, pero aquí incluyo más detalles porque el camino fue difícil.

Estaba en una iglesia en el estado de Washington. Un predicador invitado estaba ministrando a los niños, y había como 200 pequeños en fila frente al escenario. Yo estaba en la primera fila con los ojos cerrados, vestido de traje y corbata (porque en esos días todavía teníamos que usar esas cosas horribles).

De repente, alguien me agarró de la corbata y me jaló hacia el frente con los niños. Era el predicador invitado. Me dijo:

—Hay un edificio esperándote. Cuando regreses a casa, tienes que encontrarlo.

Él no me conocía ni sabía quién era. Más adelante, lo conocí personalmente, e incluso el pastor Tim Bagwell me visitó en México. Me hice muy amigo de su hijo, Aaron Bagwell, quien dirige un hermoso ministerio internacional para niños llamado Expect Hope.

Al regresar a México, reuní al equipo y les dije:

—Hay un edificio que nos está esperando. Tenemos que encontrarlo.

Poco después, uno de los pastores me comentó:

—El edificio llamado La Fuente está en venta.

Yo ya conocía La Fuente, pues lo habíamos rentado para un evento navideño. Estaba en una excelente ubicación y era muchísimo más grande que el lugar donde nos reuníamos. Por eso pensé que estaba totalmente fuera de nuestro alcance económico.

—El edificio cuesta dos millones de pesos —nos dijo el agente inmobiliario. En ese entonces, eso equivalía a $200,000 dólares.

No lo podía creer, así que pedí reunirme con el dueño. Le ofrecí $15,000 dólares de enganche y el resto en un año. Era una oferta baja, pero no inusual en México.

No puedo escribir todas las groserías que el dueño usó, pero quería que supiera cuánto le disgustaban los gringos que ofrecían tratos tan malos, y salió furioso de la oficina.

Creo que arruiné la oportunidad, pensé. Llamé a un amigo con experiencia en negociaciones y le pedí consejo.

—Necesitas endulzar el trato —me dijo.

Luego supe que el dueño tenía un préstamo sobre el edificio y estaba pagando $1,600 dólares mensuales.

En nuestra siguiente reunión le dije:

—Le damos $30,000 de enganche, $2,000 mensuales, y pagamos el resto en un año.

—Sí —él respondió.

Me quedé en shock. ¡No tenía el dinero que le acababa de ofrecer!

—¿Puede darme un par de semanas para reunir los $30,000? —le pregunté.

Aceptó, y otra vez estaba caminando sobre el agua, esta vez con el trato más grande de mi vida.

Le expliqué la necesidad a la iglesia, y nuestros 200 miembros dieron $20,000 en una sola ofrenda, lo cual nos permitió hacer el primer pago. Después de eso, vimos muchos milagros, y en un año habíamos pagado $100,000 dólares.

Eso es asombroso. Pero si estás haciendo cuentas, todavía nos faltaban $100,000, y el tiempo se acababa. Otra vez pensé: Nunca es fácil, ¿verdad?

Mientras visitábamos a mi amigo el pastor Ron Smedley en su iglesia en Glendale, California, hablamos del tema. Su iglesia estaba ubicada en un área que ahora era predominantemente armenia, y su pequeña congregación ya no podía alcanzar a esa comunidad. Además, no había estacionamiento para los asistentes.

Le dije bromeando:

—Ya no sirves a este lugar, ni este lugar te sirve a ti. Deberías vender y buscar una nueva ubicación, y cuando lo hagas, préstame el dinero para pagar La Fuente.

Volví a México y me olvidé del comentario.

Pero Ron me llamó:

—Sé que estabas bromeando cuando me dijiste que vendiera, pero decidimos que tenías razón. Cuando vendamos, queremos prestarte el dinero para pagar tu edificio.

Estaba emocionado. ¡Teníamos una salida! Le expliqué la situación al dueño y le pedí seis meses más. Aceptó generosamente y hasta bajó la mensualidad. Me sentía como si hubiera esquivado una bala. El dueño pudo haber cancelado el trato y nos habría costado recuperar el dinero.

Unos días después, mientras predicaba en Arizona, Ron me volvió a llamar:

—Diego, vendimos el edificio y ya tenemos una nueva ubicación, pero la mesa directiva quiere echarse para atrás con el préstamo. Tienes que venir a Los Ángeles y ver si puedes salvar el trato.

Se me cayó el alma. Había hecho promesas, y sentí el viento golpeando mi fe, como a Pedro cuando empezó a hundirse.

Al día siguiente, volé a LA para asistir a la junta directiva.

—Como eres mi amigo, tengo que mantenerme neutral —me dijo Ron.

Un miembro de la mesa, empresario, siempre había sido negativo, y otro, siempre positivo. Ese día, cambiaron los papeles. El positivo empezó a sudar y dijo:

—Creo que no deberíamos prestarle el dinero. Me da miedo lo que pueda pasar con la economía.

Comenzaron a discutir, y sentí que el trato se

desmoronaba. Ron permaneció en silencio mientras el ambiente se tensaba más y más.

Entonces, el miembro que había cambiado de opinión se levantó y fue al baño... a vomitar. La opresión espiritual en el cuarto era casi palpable. Se sentía como una nube de oscuridad.

De repente, el empresario negativo gritó:

—¡Esto es ridículo! Prometimos prestarle el dinero a Diego, y tenemos que cumplir. Ya voy tarde a otra reunión, así que terminemos con esto.

En ese instante, parecía que los demonios salieron huyendo del lugar. Se disipó la tensión, y la mesa votó a favor del préstamo.

Cuando recibimos provisión sobrenatural, muchas veces no vemos lo que Dios está haciendo entre bastidores. Él usa personas dispuestas, moviendo sus corazones y voluntades para que sus propósitos se cumplan. Pero eso no significa que sea fácil. Requiere fe, obediencia y valentía.

Muchos milagros dependen de que otros estén dispuestos a caminar sobre el agua con nosotros, uniéndose en fe y acción. Cuando alguien presta ayuda, no le resta crédito a Dios. Más bien, demuestra que somos colaboradores con Cristo y con otros en la obra del Reino.

CAPÍTULO 9
PENSAR MAL TE HUNDE

Pongan la mira (la mente) en las cosas de arriba, no en las de la tierra.

Colosenses 3:2

Moisés fue muy valiente. Después de convencer a Dios de no abandonar a Su pueblo, se atrevió a pedir más. "Te ruego que me muestres tu gloria" (Éxodo 33:18). El Señor aceptó y le dijo que lo pondría en una hendidura de la roca y lo cubriría con Su mano mientras pasaba.

Esta historia ilustra cómo caminamos sobre el agua. Así como Moisés se escondió en la roca, nosotros estamos escondidos en Cristo. Cuando estamos "en Cristo", podemos desafiar la ley natural de la gravedad.

Jesús nos dijo que permaneciéramos en Él, y también dijo que, sin Él, nada podemos hacer. Debemos permanecer en Cristo por fe cada día. Yo estoy en Cristo. Él es mi hendidura en la Roca. Él es mi justicia, mi santificación y mi redención. Es mi fe continua en Cristo lo que me sostiene y me permite hacer lo milagroso.

El maligno constantemente siembra incredulidad y duda, y trata de desviar nuestra atención hacia los peligros que nos rodean. Yo llamo a estas tácticas bombas del diablo. Son explosiones constantes de temor y duda que nos hacen quitar la mirada de Jesús y ponerla en el viento. Él quiere que miremos hacia abajo o hacia atrás —cualquier cosa, menos mirar a Jesús. Pero cuando permanecemos en la Palabra de Dios, podemos bailar sobre el agua.

Hemos aprendido a capturar nuestros pensamientos rebeldes y a enfocar nuestra mente en Cristo. Hemos aprendido a seguir poniendo un pie delante del otro. Sabemos que Aquel que comenzó este caminar lo terminará. Él fue quien nos hizo la invitación, y siempre nos da la gracia para dar un paso más.

El diablo ha estado hablando

En 2011, me caí de un balcón que estábamos desmontando. Me fracturé el tobillo y rompí todos los ligamentos que lo mantenían en su lugar. El doctor lo reconstruyó con siete tornillos y una placa de titanio, pero pasaron diez semanas antes de que pudiera volver a usarlo. Todavía recuerdo haber predicado en silla de ruedas y cómo unos niños se burlaban de mí mientras me desplazaba lentamente en un carrito por el Walmart.

La inactividad fue muy difícil para mí. Pasaba demasiado tiempo pensando en cosas deprimentes como: Eres un perdedor. Esta lesión fue tu culpa por imprudente. No estás logrando nada.

A causa de la depresión y el sedentarismo, subí unos 25 kilos. Los pensamientos llegaban sin que yo me diera cuenta: Debes estar preparado para morir. Puede suceder en cualquier momento, así que piénsalo bien. Parece que tu tiempo ya pasó. Tuviste una buena vida; ahora es tiempo de que otros tomen el relevo. En ese momento, todos esos pensamientos me parecían lógicos y sensatos.

Mary Jo empezó a preocuparse, así que tomé una decisión y solicité un seguro médico. Los resultados del chequeo parecían buenos: tenía el colesterol bajo y mis análisis de sangre se veían favorables. Nos sorprendió mucho que rechazaran mi solicitud.

—¿Por qué? Si todo se ve bien —pregunté.

Me informaron que los resultados mostraban niveles altísimos en mi hígado. Tenía hígado graso.

Al escuchar el reporte, Mary Jo me dijo que tenía que cambiar mis hábitos alimenticios.

—Si no puedo comer, ¿para qué vivir? —murmuré.

Pero ella tenía razón, y con su ayuda, cambié mi alimentación. Empezó a prepararme comidas mucho mejores que la comida chatarra a la que estaba acostumbrado.

Luego me presentó los videos de caminar en casa y comencé a hacer ejercicio. Al principio, mi cuerpo gritaba: No puedes hacer esto. Estás demasiado tieso y viejo. No pienses que puedes empezar a ejercitarte ahora.

Necesitaba cambiar mi forma de pensar. Estaba aceptando demasiadas mentiras y excusas. En ese tiempo, solíamos escuchar mucho a una banda llamada *Needtobreathe*, y una de sus canciones se titulaba "Devil's Been Talkin'" ("El diablo ha estado hablando"). Esa canción describía perfectamente mi situación. Estaba escuchando la voz equivocada.

> Tenía que cambiar mi forma de pensar. Tenía que quitar mis ojos de mí mismo y volver a ponerlos en Jesús.

Pensar mal te hunde. A todos nos encanta justificar nuestras debilidades, fracasos y pecados, pero no tendremos excusas en el cielo. Hay un dicho mexicano que me gusta: "Cuando se inventaron las excusas, se acabaron los tontos". Esto quiere decir que, una vez que la gente aprende a poner excusas, puede esconder su necedad. En otras palabras, ya no pareces tonto si tienes una buena justificación.

Con frecuencia, la gente prefiere justificar sus actos antes que aceptar la responsabilidad.

Nadie necesita un papá deprimido ni un líder derrotado. Yo necesitaba volver a levantarme y pelear. Tenía que dejar de ser víctima y dejar de inventar excusas. Dejé ciertos alimentos y empecé a ejercitarme. Me hice otro chequeo, y después de bajar 25 kilos, mis resultados hepáticos volvieron a niveles normales y pude obtener el seguro. El problema no era solo físico. Tenía que cambiar mi forma de pensar. Tenía que quitar mis ojos de mí mismo y volver a ponerlos en Jesús.

Durante años hemos enseñado a otros sobre la batalla de la mente. Pensamientos malos llevan a acciones malas. Adán y Eva conversaron con la serpiente, y su engaño llevó a la caída del ser humano. No podemos darnos el lujo de sentarnos a platicar con el diablo. Pero sus mentiras son sutiles, y muchas veces creemos que son nuestros propios pensamientos.

Aprender a identificar cuándo los pensamientos no son nuestros y capturarlos y desecharlos es una gran parte del proceso de madurez. "Pero el alimento sólido es para los adultos (los que han alcanzado madurez), los cuales por la práctica tienen los sentidos ejercitados para discernir el bien y el mal" (Hebreos 5:14). El discernimiento viene con la práctica, al igual que caminar sobre el agua.

Críticos desde el sofá

Leer la historia de Pedro caminando sobre el agua siempre genera preguntas: "¿Por qué solo Pedro pidió caminar sobre el agua?". "¿Qué estaban haciendo los otros discípulos?". "¿Qué habría pasado si todos hubieran pedido hacerlo y hubieran salido del bote con Pedro?". "¿Estaban impresionados con lo que hizo Pedro o se burlaron cuando se hundió?". No importa qué haya pasado —Pedro lo hizo, y ellos se quedaron en el bote. Se quedaron en un lugar seguro, observando el drama como críticos desde el sofá.

Muchos prefieren quedarse en el bote y criticar cómo caminas tú. Les encanta compararte con otros grandes caminantes del agua que han visto antes. Rápidamente ofrecen un consejo o una represión, pero siguen en el bote. Es fácil criticar y analizar por qué otros fallan, pero si tú sigues sentado, no tienes nada que decir.

Cuando eres tú el que está caminando sobre el agua, una forma segura de dejar de bailar y empezar a hundirte es preocuparte por lo que otros piensan de ti. "Tú no fuiste llamado a liderar. Ese no es tu don. Tienes problemas de carácter. Eres muy escandaloso, o muy payaso. Eres demasiado carismático... o no lo suficiente. No estás ungido. No sabes lo que estás haciendo". Esas son solo algunas de las cosas que me gritaron desde el bote.

Me gusta bromear y reír mientras trabajamos duro. Muchas veces he observado a otros que son tan serios y que aparentan ser más profundos y espirituales que yo. Varias veces traté de ser como ellos... pero fracasé. Hasta que un día pensé: Me gustan los chistes. Disfruto divertirme con mis amigos en el ministerio. Fue entonces cuando abracé quien Dios me hizo ser. Me sentí cómodo en mi propia piel. También saqué coraje y dejé de escuchar los susurros de la serpiente.

Necesitamos pensar correctamente sobre nosotros mismos —estar cómodos en nuestra piel y rendir cuentas a Dios, no a las opiniones cambiantes ni a las críticas ajenas. Pero también necesitamos pensar correctamente sobre los demás. Eso significa no permitir que la calumnia, la acusación o la sospecha echen raíces en nuestro corazón.

La acusación y la sospecha son herramientas poderosas en la caja de herramientas del diablo. Él prospera sembrando discordia entre hermanos, porque en el momento en que fijamos la mirada en los demás con juicio o duda, quitamos los ojos de Jesús… y comenzamos a hundirnos.

Recuerda: él es el acusador de los hermanos. La sospecha no es un don del Espíritu. El diablo puede estar susurrando mentiras sobre tu hermano, y si las crees, estás caminando directo hacia su trampa.

Los acusadores (y los críticos más ruidosos) a menudo terminan hundiéndose bajo las olas. A medida que envejezco, veo el fruto de su orgullo, amargura y odio. Es trágico —tanta destrucción comienza con una sola ofensa.

La palabra griega para "ofensa" es la raíz de nuestro término en inglés scandal. Originalmente, describía una trampa, un lazo, o una piedra de tropiezo —algo diseñado para hacerte caer o perder el rumbo.

En su libro La Carnada de Satanás, John Bevere explica que las ofensas son carnadas. El mundo y el enemigo usan las ofensas para "engancharnos", jalándonos hacia las aguas oscuras de la amargura y la división.

Pero el corazón del evangelio es el amor —amor a Dios y amor a las personas. Y una de las formas más rápidas de destruir ese amor es a través de la ofensa.

¿Recuerdas cuando Jesús permitió que una mujer derramara aceite costoso sobre su cabeza? Los discípulos estaban indignados y ofendidos de que una mujer hiciera tal cosa. Pero, sobre todo, les pareció un desperdicio de dinero. Es increíble cuán "justos" y "ofendidos" podemos sentirnos cuando se trata del dinero. Aunque los once discípulos se ofendieron, lo superaron cuando Jesús les explicó que ella lo estaba ungiendo para su sepultura. Sin embargo, uno usó esa ofensa como motivo para traicionar a Jesús. Satanás entró en Judas Iscariote a través de una ofensa.

> Los verdaderos vencedores son los que se meten al campo, toman riesgos y lo dan todo.

—No estoy ofendido; estoy herido —me dijo un pastor hace años.

Le expliqué que era lo mismo. Increíblemente, usamos palabras religiosas para cubrir nuestras heridas y ofensas. Él siguió ofendido incluso después de que le pedí perdón por cosas que ni siquiera había hecho. Su ofensa lo alejó aún más, como un anzuelo en la boca de un pez. Se fue ofendido ese día… y todavía está amargado hasta hoy.

Jesús nos prometió que "Porque es inevitable que vengan piedras de tropiezo" (Mateo 18:7). Nunca tratamos de ofender a nadie, pero a veces es inevitable. Caminar sobre el agua significa seguir a Jesús, aunque eso ofenda a alguien o aunque critiquen nuestras acciones. Los críticos desde el sofá no ganan partidos. Los verdaderos vencedores son los que se meten al campo, toman riesgos y lo dan todo.

El poder del trabajo en equipo

—Yo iré, pero no quiero ir solo —le dije al Señor cuando supe que nos estaba guiando a iniciar una iglesia en Tepic.

Así que en 1998 reunimos un pequeño equipo. Cada miembro aportó lo suyo, el Señor bendijo nuestra unidad, y las cosas comenzaron a crecer rápidamente. Se unió un pastor, y su esposa hizo un trabajo increíble con los niños mientras él se enfocaba en el cuidado pastoral y la enseñanza. En menos de un año, ya éramos más de 250 personas cada domingo. Año y medio después, compramos nuestro edificio en la avenida principal de la ciudad, y la asistencia se disparó a más de 600. Fue uno de los ejemplos más claros que he vivido sobre el poder del trabajo en equipo.

Reconocer el valor del trabajo en equipo es un elemento clave del pensamiento correcto. El diccionario define sinergia como "el poder combinado de un grupo de cosas que, al trabajar juntas, es mayor que el poder total que lograrían por separado".[3] Por ejemplo, he leído que dos caballos trabajando juntos pueden jalar más del doble de lo que uno solo puede hacer.

El poder del trabajo en equipo es irrefutable. Un equipo de fútbol puede ganar el Super Bowl si entrena y se prepara. Una banda que colabora puede componer la mejor música. Soldados que entrenan juntos y coordinan sus movimientos pueden ganar guerras.

Me imagino que Pedro y todos los discípulos habrían caminado sobre el agua hasta llegar a Jesús y nunca se habrían hundido si hubieran caminado como un equipo. No puedo asegurarlo, pero conozco el poder del trabajo en equipo. Jesús había llamado personalmente a cada persona en esa barca, y todos habían dejado su antigua vida para seguirlo. Sin embargo, se conformaron con que Pedro cargara solo con el peso de la fe. Como los discípulos, muchos hoy se conforman con ver

---

3 "Synergy," Cambridge University Press & Assessment, https://dictionary.cambridge.org/dictionary/english/synergy#google_vignette.

a otros caminar por fe. Dicen: "Aquí estoy, Señor... mándalo a él".

Esta tendencia lleva a que muchas personas caigan en la idolatría de héroes, prefiriendo mirar cómo otros toman riesgos y hacen el trabajo. Como humanos, tenemos un deseo innato de tener un rey. No nos basta con la autoridad del Señor; queremos darle el crédito a otra persona y dejar que esa persona asuma la responsabilidad que nos corresponde. Como Israel, queremos un rey.

> *Y el Señor dijo a Samuel: "Escucha la voz del pueblo en cuanto a todo lo que te digan, pues no te han desechado a ti, sino que Me han desechado a Mí para que Yo no sea rey sobre ellos" (1 Samuel 8:7).*

El problema es que nunca bailaremos sobre las aguas si no salimos del bote —junto con el equipo— y hacemos nuestra parte para avanzar.

Por otro lado, hay quienes quieren ser los héroes y abandonan el equipo para hacerlo todo solos. Ven a la persona a cargo y piensan: "Yo puedo hacer eso. Es mi tiempo. Necesito construir algo propio. Quiero dejar un legado. No quiero trabajar para la visión de otro. Este lugar se va a caer sin mí". Son frases comunes cuando alguien ya no quiere estar en el equipo. Se tragan la mentira de que pueden hacerlo mejor por su cuenta. Pero sin el equipo, suelen hundirse más rápido que Pedro.

En general, les iría mucho mejor si siguieran trabajando en equipo. Aun si el Señor los mueve a otro equipo, deben seguir siendo parte de uno, no andar por ahí solos, intentando ser el héroe y el rey. Dios no diseñó al ser humano para funcionar de esa manera. "Más valen dos que uno solo, Pues tienen mejor pago por su trabajo" (Eclesiastés 4:9).

Claro que, cuando un miembro clave del equipo se va, no es fácil.

—Los pastores verdaderos lloran, aunque sea un poco, incluso cuando el que se va es el diablo —le dije a mi amigo Mike, quien me contó de algunos líderes que se habían ido de la iglesia que él pastorea en Texas.

Si eres pastor, debes amar al rebaño que el Señor te ha confiado. Sin embargo, todos enfrentamos sentimientos de rechazo y tristeza cuando alguien se va.

Algunos cambios son necesarios, y Dios puede usar esos ajustes para bien. Como dijo un pastor: "La iglesia es un cuerpo, y todo cuerpo sano necesita una evacuación de vez en cuando".

Cuando alguien quiere irse, he aprendido a dejarlo ir con gracia. Yo no soy el Espíritu Santo y no controlo a dónde llama Él a las personas. Mi mentalidad es: "Si puedes reclutarlos, te los puedes quedar". Nosotros plantamos y regamos, pero Dios da el crecimiento. Como líderes, parte de nuestro trabajo es enviar obreros a la mies, lo cual puede implicar cambios y separación. Es curioso —oramos y entrenamos a los jóvenes para que hagan lo que nosotros hacemos, y luego nos sorprende que quieran hacerlo.

El trabajo en equipo es poderoso, pero no todos los equipos son buenos. Unos cientos de años después del diluvio, la gente se unió para construir la Torre de Babel. Todos hablaban el mismo idioma, y decidieron edificar una torre que llegara hasta el cielo. Querían hacerse un nombre y evitar ser esparcidos por el mundo. Curiosamente, la torre estaba en la misma zona que Babilonia, en el sur del actual Irak. Aunque llenos de orgullo y rebelión, lograron mucho mediante el trabajo en equipo. Tanto así que Dios bajó, vio la torre y confirmó el poder de su unidad:

> *Y dijo el Señor: "Son un solo pueblo*
> *y todos ellos tienen la misma lengua.*
> *Esto es lo que han comenzado a hacer,*
> *y ahora nada de lo que se propongan hacer*
> *les será imposible" (Génesis 11:6).*

En este caso, Dios los confundió y dispersó porque eran un equipo rebelde y malvado, sin al Señor en el centro. Los equipos pueden volverse egoístas y orgullosos, y muchas veces el Señor los deshace cuando se vuelven codiciosos o envidiosos. Cuando un equipo se desmorona, no te desanimes ni renuncies al concepto de trabajar en equipo. Más bien, busca uno más saludable que se alinee con tus valores y visión.

No sé qué piensas de los que caminan contigo sobre el agua, pero nada mata más rápido al trabajo en equipo que los pensamientos malignos. "Porque donde hay celos y ambición personal, allí hay confusión y toda cosa mala" (Santiago 3:16). En cuanto dejamos de pensar correctamente sobre Dios, los demás y nosotros mismos, nos hundimos como piedra.

El terror produce malos pensamientos

El miedo y la preocupación tienen una manera muy efectiva de envenenar nuestra mente y controlar nuestras acciones. Si queremos bailar sobre el agua, debemos capturar esos pensamientos negativos y detener nuestra mala forma de pensar.

Durante muchos años, Tepic era conocida como una de las ciudades más tranquilas de México. Todo cambió en 2008. Los cárteles comenzaron una guerra por el control del territorio. Pasamos de ser la ciudad más segura del país a convertirnos en la quinta más violenta del mundo. Junto con la guerra del narco llegaron secuestradores, estafadores y otros criminales que se instalaron en Tepic.

Muchas personas tomaron decisiones importantes motivadas por el temor y la violencia que azotó nuestra región. Sus ojos se apartaron de Jesús y se fijaron en el viento y las olas. Muchos titubearon en su fe.

Pero no todos reaccionaron así. Una mujer sobresale en mi memoria. Se llama Krisna, es pequeña de estatura, pero con un corazón enorme. Ella iba en un microbús lleno de pasajeros cuando pasaron frente a un supermercado. Justo en ese momento, comenzaron los disparos. Incluso usaron granadas.

—¡Tírate al suelo! —gritó alguien, y todos se agacharon.

Menos Krisna. Ella se puso de pie al frente del autobús y gritó:

—¡No teman! ¡El Señor está con nosotros! ¡Asegúrense de estar bien con Dios!

La violencia nos tocó muy de cerca otro día, cuando mi hijo me pidió que lo llevara al cine en el centro comercial. No recuerdo qué película vimos, pero al salir de la sala, notamos que habían cerrado el acceso al vestíbulo.

—¿Qué está pasando? —preguntamos a una empleada.

—Hubo un tiroteo en el estacionamiento —respondió—, pero en breve reabriremos.

Poco después nos dejaron salir y caminamos por el centro comercial hacia el carro. De repente, una multitud corrió hacia nosotros a toda velocidad. Más tarde supimos que el agresor había disparado contra un oficial de la Guardia Nacional y luego huyó dentro del centro comercial.

Nos metimos a una tienda de ropa de mujer para escondernos. Las blusas y los brasieres no ofrecían mucha protección, así que nos metimos a un clóset en la parte trasera. Tampoco era muy seguro.

De pronto, sonó mi celular. Era mi amigo Tony.

—Oye, ora por mí —me dijo—. Hubo una balacera en el centro comercial y estamos escondidos en un clóset en el segundo piso.

—Ya somos dos —le respondí—. Estoy justo debajo de ti, en el primer piso.

Poco después capturaron al tirador y dieron la señal de seguridad.

Otro incidente dramático ocurrió un sábado, justo antes de un gran evento en la iglesia. Cuatro sicarios intentaron rescatar a unos reos del penal estatal, que está a unas cuadras de nuestro edificio principal en Tepic. Cuando comenzaron los disparos, llegaron de inmediato varias patrullas de la policía federal y repelieron el ataque.

Los delincuentes huyeron por el bulevar, pero chocaron contra un poste telefónico justo frente a nuestra iglesia. Los policías, llenos de furia, les seguían de cerca. Ahí mismo abatieron a uno. Los otros dos corrieron hacia la parte trasera de nuestra iglesia justo cuando Ame, una joven del equipo, estaba entrando. Empujaron la puerta y entraron, mientras varios jóvenes se preparaban para nuestro evento.

Los estudiantes se escondieron, y los sicarios subieron al departamento donde vivían algunos chicos de nuestro equipo (gracias a Dios, no estaban ahí). Los jóvenes escucharon los disparos cuando la policía abatió a los delincuentes dentro de nuestras instalaciones.

Cuando llegué, la iglesia ya era una escena del crimen. Todo el edificio estaba rodeado y acordonado.

—Dos sujetos se metieron a su edificio —me dijo un oficial—. No les fue nada bien. No van a salir caminando.

Después de responder sus cuestionamientos, le pregunté cuándo podríamos usar el edificio.

—Esto es una escena del crimen. No podrán entrar en al menos dos semanas.

—Pero tenemos un evento importante mañana —le expliqué—. No fue nuestra culpa que se metieran aquí.

—Lo entiendo, y lo lamento, pero es el protocolo. No podemos hacer nada.

Llamé a mi abogado y pedimos oración a todos. Pasaron horas mientras orábamos y negociábamos. A las ocho de la noche, la policía nos llamó para informarnos que podíamos recuperar el edificio.

—Con una condición —dijo el oficial—. Ustedes tendrán que limpiarlo si lo van a usar.

Así que mi hijo y dos pastores se pusieron ropa de protección y guantes de hule para limpiar el desastre sangriento que dejaron atrás. Me sentí orgulloso de que se ofrecieran para ese trabajo tan desagradable, pero la realidad de la violencia nos golpeó con fuerza. Todos —mi familia, mi equipo pastoral, los jóvenes que estaban presentes y toda la iglesia— tuvimos que asegurarnos de mantener los ojos en Jesús y no en la violencia.

El terror nunca trae la paz de Dios. Solo distrae y paraliza, llevándonos a pensamientos equivocados.

Nunca permitas que el miedo ni ningún otro pensamiento tóxico te impida responder a la invitación de Jesús. Mientras te enfoques en Él, reemplaza los pensamientos negativos con verdades inspiradas por Dios. Cambia la crítica y el papel de "experto desde la banca" por acciones genuinas. Cambia la arrogancia del héroe solitario por el trabajo en equipo. Reemplaza el terror con valentía, fe y, sobre todo, amor.

Una vez que aprendes el poder del pensamiento correcto, estarás bailando sobre el agua en poco tiempo.

CAPÍTULO 10
AHORA ESTOY BAILANDO

—El apoyo que te enviamos cada mes tendrá que ser cancelado —me informó el pastor.

Luché por mantener la compostura mientras mi mente se aceleraba.

—Está bien, lo entiendo. ¿Cuánto tendrán que recortar? —pregunté, aferrándome a una pizca de esperanza de que fuera algo manejable.

Su respuesta fue tajante y definitiva:

—Todo, por supuesto.

Así, de un momento a otro, se cortó la línea financiera de la que había dependido durante 22 años. Me quedé de pie, en silencio, atónito. Esa iglesia había sido mi fuente principal de ingresos por tanto tiempo como era capaz de recordar. Y ahora —sin previo aviso— desaparecía.

El golpe más duro vino cuando compartí la noticia con mi hijo y algunos miembros cercanos del equipo, quienes ya cargaban con sus propias preocupaciones económicas.

—No sé qué hacer —les confesé, mientras el miedo que había tratado de reprimir salía a flote—. Por favor, oren por mí.

Conforme los días se convirtieron en semanas, luché contra una tormenta de pensamientos opresivos —visiones detalladas de los peores escenarios imaginables. Sentía que casi podía percibir las mismas ráfagas de viento que hicieron tambalearse a Pedro cuando caminó sobre el mar. Esas ráfagas jalaban de mi espíritu, amenazando con hundirme.

Pero reconocí ese viento por lo que realmente era: duda. Susurrando mentiras. Despertando temor. Intentando sacudir mi fe.

Y entonces, en medio de esa tormenta interna, recordé la verdad: el Señor nunca me había fallado. Siempre había sido mi Fuente, mi Roca, mi Proveedor —a través de los altos y bajos. No importaba a quién usara o por qué medio proveyera, mi confianza nunca había estado realmente en el hombre. Siempre había estado en Él.

Con esa verdad, una ola de paz me cubrió por completo. Solté el miedo, lo dejé a un lado, y descansé en la certeza de que sus brazos eternos aún me sostenían.

Llamadas inesperadas

La llamada que cortó la principal fuente de ingresos de mi familia llegó en diciembre de 2014, y el apoyo terminó justo al comenzar el nuevo año. Un mes antes, había recibido otra llamada inesperada. Cuando sonó mi teléfono de Estados Unidos ese día, me sorprendió. No era algo común; generalmente, significaba que algún vendedor estaba llamando. Otra llamada de spam, pensé, listo para ignorarla. Pero algo dentro de mí me impulsó a contestar.

—¿Hola?

Una voz cálida, con acento hispano, se escuchó al otro lado de la línea.

—Me llamo José. Estoy llamando desde Phoenix y no puedo sacar tu región de mi mente —dijo—. ¿Estaría bien si los visito?

—¡Por supuesto! —respondí con entusiasmo.

Aproveché la oportunidad para invitarlo a nuestra próxima conferencia. Aceptó la invitación, y un mes después asistió a cada sesión del evento. Al finalizar, nos sentamos en mi oficina para conversar sobre el tiempo tan especial que habíamos vivido y lo que Dios estaba haciendo en Tepic.

Los ojos de José se llenaron de lágrimas mientras compartía lo que sentía.

—No sé por qué —confesó—, pero no puedo quitarme la sensación de que el Señor quiere que me mude aquí a Tepic. ¿Puedo traer a mi familia para ayudar con el ministerio? Y hay una cosa más... Mi negocio en Phoenix va muy bien, y siento en mi corazón enviarles el diez por ciento de las ganancias.

Una ola de sorpresa y gratitud me invadió.

—Claro que sí —le dije.

Apenas podía creer lo que acababa de escuchar. Mientras se despedía, la duda se coló en mi mente. ¿Será que sí sucederá? Mover a toda su familia parecía algo lejano. Pero solo dos meses después, llegó con toda su familia y se instalaron en una casa que habíamos encontrado para rentar en Tepic. El tiempo fue tan perfecto que no podía ser otra cosa más que Dios. Fue como la historia de la viuda que sustentó al profeta Elías. Justo cuando se agotó el ingreso de la iglesia en Estados Unidos, llegó el diezmo de este hombre —exactamente la misma cantidad que habíamos perdido. El Señor lo había enviado en el momento exacto para suplir lo que necesitábamos. A pesar de todo, mis ingresos ese año no cambiaron. Fue una prueba más de la provisión del Señor, orquestada de una forma que solo Él puede lograr.

El apoyo de José continuó hasta finales de ese año. Cuando terminó, me preparé para lo que pudiera venir. Entonces, en diciembre, llegó otra bendición inesperada: ¡una nueva fuente de fondos designada para cubrir tres años completos de ingresos! Me quedé asombrado, maravillado por la mano de Dios proveyendo en cada paso del camino.

> *Yo fui joven, y ya soy viejo,*
> *Y no he visto al justo desamparado,*
> *Ni a su descendencia mendigando pan.*
> *(Salmo 37:25)*

¡Ahora estoy danzando sobre el agua! Mis ingresos, mi fuerza y mi sabiduría vienen del Señor. Juntos hemos atravesado las tormentas más fieras: la devaluación del peso mexicano en 1994, la crisis financiera global de 2008 y la brutal guerra de cárteles que nos sacudió del 2009 al 2012. Enfrentamos huracanes, inundaciones y peligros en cada esquina. Pero en todo momento, el Señor nos sostuvo con sus poderosos brazos.

Dudar de Jesús ahora sería un insulto —una traición a todo lo que hemos vivido. Cada nueva prueba me encontrará firme, con los ojos puestos en Él, danzando con gozo sobre las olas, seguro de que Él me llevará hasta el otro lado.

La Casa Nana

Podría contar historias sobre la provisión de Dios durante días. Pero una que ocupa un lugar muy especial en mi corazón es cómo Dios nos proveyó el terreno y el edificio para la Casa Nana, nuestro orfanato.

La historia comenzó cuando mi hijo se ofreció a hacer dos videos musicales para una conocida cantante cristiana, con la condición de que ella viniera a Tepic a dar un concierto. En ese momento, no teníamos idea de que ella era la cantante favorita del gobernador; él incluso había usado una de sus canciones en su campaña. De hecho, se comprometió a venir con todo su equipo. El concierto fue un éxito rotundo, y la iglesia se llenó a más no poder. Después del evento, el gobernador nos invitó a cenar a su mansión.

A la noche siguiente, estábamos sentados en la mansión esperando a que llegara; como buen político, llegó tarde. La cena fue agotadora para mí, ya que no tenía el más mínimo interés en escuchar sobre todos sus logros. ¿Qué estoy haciendo aquí?, pensaba frustrado.

Entonces la conversación cambió. Mientras hablaba de todo lo que había logrado, mencionó un pueblo donde nosotros trabajamos, y aproveché la oportunidad.

—Estamos haciendo mucho en Francisco I. Madero —le dije, refiriéndome al pueblo conocido como Puga—. Tenemos una iglesia ahí donde ayudamos a niños y a familias indígenas. También hacemos actividades en varias zonas marginadas de la ciudad.

En ese momento me di cuenta de que por fin estaba empezando a disfrutar la conversación.

—Qué bueno escuchar eso. ¿Qué necesitan? —preguntó.

Esa era la oportunidad que había estado esperando.

—Nuestro orfanato está funcionando en dos casas rentadas —expliqué—. Necesitamos un terreno para construir hogares seguros y permanentes para los niños.

Sin dudarlo, respondió:

—Si necesitan terreno, yo les doy terreno.

El resto de la reunión fue un borrón. Apenas podía contener mi emoción: habíamos conseguido terreno para los niños.

Y fue fiel a su palabra. Poco después ya teníamos el terreno para construir el orfanato. Un talentoso arquitecto local se ofreció a diseñar los planos de dos casas nuevas completamente gratis. Luego, una iglesia de Chicago —que frecuentemente venía a ayudarnos a construir iglesias— ofreció ayudarnos a edificar la Casa Nana. Su equipo era muy capaz y construyó la barda perimetral en una semana. Empezamos con $10,000 dólares, y durante su viaje a México, el equipo dio aún más.

Después llegó el momento de comenzar la construcción.

—No tenemos permiso para construir —le dije al arquitecto.

Él me respondió:

—Empiecen a construir mientras sacamos el permiso.

Cuando se acabaron los $10,000 dólares, llegaron 30,000 más, donados por un amigo adinerado en México. Por esa época, el arquitecto me dijo:

—Solo se puede sacar el permiso si conectamos el drenaje.

Ese era trabajo del gobierno, pero no quisieron ayudar. Pronto descubrimos que el punto más cercano para conectarnos al drenaje estaba a más de 1000 metros de distancia y que teníamos que instalar cinco registros. Por suerte, nuestros amigos conocían a un ingeniero que podía hacer el trabajo. Era una obra de $80,000 dólares, pero la hizo al costo: $30,000 dólares.

Nunca me sentí estresado por el proyecto. En un punto nos quedamos sin dinero, así que simplemente esperamos hasta que llegara más. Paso a paso, caminando sobre el agua, logramos recaudar más de $250,000 dólares, y en diciembre de 2020 nos mudamos a la hermosa casa nueva para niñas.

COVID-19

Una de las tormentas más intensas que enfrentamos fue la pandemia del COVID-19. En marzo de 2020, me encontraba predicando en una iglesia en Oregón, y el ambiente estaba cargado con conversaciones sobre un virus misterioso que venía de China. La inquietud se sentía en el aire, pero yo no lo tomé demasiado en serio. En México, dar la mano y el contacto cercano son parte de nuestra cultura, así que cuando un hombre mayor en esa iglesia se negó a darme la mano, me sorprendió. ¿No será esto una exageración?, pensé, confundido por la ansiedad que se respiraba en el lugar.

Pero al regresar a casa, el impacto de la situación me golpeó como una ola. Lo que comenzó como "dos semanas para aplanar la curva" se convirtió en ocho largos meses sin un solo servicio presencial en la iglesia. El gobierno mexicano impuso regulaciones estrictas, sin margen para desviaciones. Las consecuencias eran severas: cierre definitivo e incluso prisión para nosotros como pastores si no cumplíamos. Así que, con el corazón cargado, pero con una fe forjada durante años, nos adaptamos y comenzamos a transmitir los servicios en línea, confiando en que Jesús nos guiaría en medio de la tormenta.

Pero luego vino el desafío mayor. En México, la iglesia depende de los diezmos de sus miembros, y la mayor parte de nuestro presupuesto se destina a apoyar a nuestros pastores nacionales. Con la congregación reuniéndose solo en línea, surgió una pregunta aterradora: ¿Cómo íbamos a seguir pagando al personal si las puertas de la iglesia seguían cerradas?

Nos reunimos con el equipo de liderazgo, con el corazón apesadumbrado al enfrentar la dura realidad. Alguien, nada alentador, comentó: "Una iglesia grande en México despidió a todo su personal, excepto al pastor principal". Esa temporada se sintió como otro paso en lo desconocido, caminando sobre el agua con nada más que la fe sosteniéndonos. Sin embargo, hicimos lo que siempre hacemos: seguir adelante, paso a paso, confiando en que Dios abriría camino.

Aseguramos al equipo:

—Seguiremos pagando a todos la misma cantidad hasta que ya no podamos. —Y añadimos—: Si pueden, por favor regresen lo que puedan.

Sorprendentemente, nunca fallamos en un solo pago. Cada domingo, nuestro equipo llegaba fielmente para operar los servicios en línea, y los miembros comprometidos de la iglesia venían en persona a dejar sus ofrendas. Cuando finalmente reabrimos, solo se nos permitió operar al 30 por ciento de capacidad. Eso significaba limitar el número de asistentes, pero no nos detuvo. Tuvimos cinco servicios cada domingo para poder recibir a todos.

Viendo hacia atrás, creo que la pandemia fue un ataque directo contra la iglesia. En cierto momento, las autoridades permitieron que los bares siguieran abiertos mientras obligaban a las iglesias a cerrar sus puertas. Pero me aferré a la promesa de que las puertas del infierno no prevalecerían contra la iglesia. Así que seguimos adelante, danzando en medio de la tormenta, y por la gracia de Dios, Él nos sostuvo a flote durante esa crisis mundial sin precedentes que duró dos años.

> Seguimos adelante, danzando en medio de la tormenta, y por la gracia de Dios, Él nos sostuvo a flote.

Aunque el diablo quiso usarlo para mal, Dios también usó el COVID para nuestro bien. La crisis nos permitió practicar lo que predicamos. Siempre hablamos de usar lo que tenemos y no preocuparnos por el mañana ni por lo que está fuera de nuestro control. Todavía bromeo sobre nuestros planes a cinco años. El COVID vino a romper todos nuestros esquemas, dejándonos agarrados de Jesús para no hundirnos.

Me lo tragué

—¿Por qué tengo un clavo en la boca? —me pregunté.

Tenía doce años y estaba sentado en el hospital, desconcertado y nervioso, al lado de mi mamá. De niño, tenía una costumbre extraña: siempre tenía algo en la boca. Más adelante aprendí a tocar la armónica, pero antes de eso, era cualquier cosa que me encontrara.

Ese día estaba cargando unas cajas en el patio cuando algo salió mal. Recuerdo el momento como si hubiera pasado en cámara lenta. El clavo de 7.5 centímetros que tenía en la boca se me resbaló y se fue directo a la garganta. Me doblé tosiendo y ahogándome, lleno de pánico, pero ya era demasiado tarde. El clavo había desaparecido.

—¡Mamá, me tragué un clavo! —grité, con el miedo apretándome el pecho.

Corrimos al hospital, y mi corazón latía con fuerza. Después de lo que pareció una eternidad, el doctor finalmente me llamó y me preguntó qué había pasado.

—Me tragué un clavo —le dije—, y todavía lo tengo adentro.

La radiografía lo confirmó: la silueta fantasmal del clavo estaba clavada en el lado izquierdo de mi pecho.

—¿Qué hago? —pregunté.

El doctor me miró con una expresión tranquila.

—Esto también pasará —me dijo (no sé si usó exactamente esas palabras, pero fue algo parecido). Luego, con una leve sonrisa, añadió—: Literalmente. Tienes que esperar a que salga. Revisa cada vez que vayas al baño para saber cuándo lo expulsas.

Asentí, aunque mi mente no paraba de dar vueltas. Tenía planeado un viaje de buceo diez días después, y la advertencia del doctor fue clara: nada de actividad física hasta que el clavo saliera, para evitar que perforara mi intestino. El reloj estaba en marcha, y necesitaba que ese clavo saliera antes del viaje.

Los días que siguieron fueron los más asquerosos de mi corta vida. En el noveno día, lo encontré.

—¡Miren, aquí está el clavo! —grité, agitando el clavo oxidado delante de mi familia.

Ese clavo había pasado por todo mi cuerpo, pero no lo habría sabido si no hubiera estado dispuesto a buscarlo.

No cuento esta historia para asquearte, sino para hacer un punto: a veces la vida te lanza un montón de... ya sabes. Pero si estás dispuesto a mirar más allá de lo apestoso, siempre hay algo bueno que encontrar.

Poco después de que conocí al Señor, mi iglesia organizó un retiro junto al mar.

—Todos vamos a meditar en un versículo —nos dijo el pastor, y nos dio Jeremías 15:19:

Entonces dijo así el Señor:
"Si vuelves, Yo te restauraré,
En Mi presencia estarás;
Si apartas lo precioso de lo vil,
Serás Mi portavoz.
Que se vuelvan ellos a ti,
Pero tú no te vuelvas a ellos".

Fíjate en la frase: "si apartas lo precioso de lo vil". Memoricé ese versículo y lo he recordado muchas veces mientras danzo sobre el agua. En cada situación, he aprendido a encontrar algo precioso.

Probablemente recuerdes a Sansón, del libro de Jueces. Tenía una gran debilidad por las mujeres, y un día, camino a visitar a su novia filistea, un león se le lanzó encima rugiendo y listo para atacar. Pero en ese instante, el Espíritu del Señor vino sobre él con poder, y con fuerza sobrenatural, Sansón desgarró al león como si nada. Más tarde, planteó una adivinanza a los filisteos:

Del que come salió comida,
Y del fuerte salió dulzura.
(Jueces 14:14)

De manera similar, podemos tomar los ataques de la vida —los leones rugientes— y transformarlos en algo dulce. Es como aprender a danzar sobre las aguas. Cada dificultad y prueba oculta una dulzura escondida, pero depende de nosotros descubrirla. Escarbamos entre los escombros, separamos lo precioso de lo inútil, y encontramos la bondad que Dios ha puesto incluso en las batallas más fieras.

Encontrar lo feo y apestoso en la vida —eso es fácil. Pero, ¿estamos descubriendo las gemas preciosas escondidas en medio del desorden? Ese es el verdadero desafío. Cualquiera puede criticar, pero ¿quién puede ver el tesoro dentro del caos?

Los líderes inmaduros suelen caer en la trampa de pensar que su único papel es señalar y corregir errores. Tal vez se sientan más espirituales porque notan los problemas, pero no se dan cuenta de que su verdadero llamado es encontrar lo precioso. Los grandes líderes, en cambio, son como buscadores de tesoros. En lugar de fijarse solo en lo que está mal, buscan los dones, talentos y potencial escondidos en los demás. Tienen la mirada entrenada para ver más allá de la superficie, reconocer la belleza que otros pasan por alto y nutrirla hasta convertirla en algo extraordinario.

El gran final

Todos nuestros años caminando sobre el agua han valido la pena. Aunque muchos cayeron en el camino, nosotros seguimos danzando sobre las aguas. El apóstol Pablo escribió:

"Pero tenemos este tesoro en vasos de barro, para que la extraordinaria grandeza del poder sea de Dios y no de nosotros. Afligidos en todo, pero no agobiados; perplejos, pero no desesperados; perseguidos, pero no abandonados; derribados, pero no destruidos" (2 Corintios 4:7-9).

Cuando miro nuestra danza, veo los elementos que Pablo menciona: desafíos, incertidumbre y momentos que parecían imposibles. Pero sin importar cuán difíciles fueran los pasos, Jesús siempre me sostuvo y convirtió lo imposible en posible.

¿Cuántas personas se hunden porque nunca aprendieron a caminar sobre el agua? La vida cristiana se basa en la fe. Comienzas creyendo... y terminas creyendo.

En cada etapa y en cada temporada, el Señor nos ha sostenido, manteniéndonos por encima de las aguas y a salvo del viento. Si quieres vivir una vida sobrenatural, comienza dando un paso de fe. ¡Y antes de que te des cuenta, también estarás danzando sobre el agua!

Hemos aprendido muchos pasos de baile en este caminar, y cada paso es una lección de confianza. En la danza, los movimientos finales tienen nombres: el gran final, la pose final, el cierre. Pero en la vida, nadie sabe con certeza cuándo llegará su final.

Yo quiero terminar como comencé: el justo por la fe vivirá, caminará por fe, luchará por fe... y danzará por fe. Como el apóstol Pablo, deseo un gran final —uno que resuene con sus palabras:

> He peleado la buena batalla, he terminado la carrera, he guardado la fe. (2 Timoteo 4:7)

¿Lograrás el aterrizaje final? ¿Harás la última pose?

Esta es una danza de maratón, y llegará a su conclusión. Oro para que aceptes Su invitación y te lances, sabiendo que Él te sostiene. Que confíes en que Él moverá todo obstáculo mientras mantienes tus ojos fijos en Jesús.

Oro para que nunca mires atrás, ni hacia abajo. Que tu mente permanezca en Él mientras danzas sobre las aguas... hasta el final.

SOBRE EL AUTOR

Diego (Dwight) W. Hansen y su esposa, Mary Jo, han sido misioneros en México desde 1988 y son los pastores fundadores de La Fuente Ministerios. Diego dirige Heart4Mexico, una organización sin fines de lucro con sede en Estados Unidos, mientras que Mary Jo lidera el orfanato Casa Nana.

Diego ministra regularmente en la red de iglesias de La Fuente y es un conferencista muy solicitado en iglesias y congresos alrededor del mundo. También es autor del libro *¿Quién se quedará?: Construyendo una casa para la presencia de Dios en el mundo*, publicado en 2022 y disponible en Amazon y Audible.

Diego y Mary Jo viven en Tepic, Nayarit, donde disfrutan de la vida cerca de sus dos hijos y su nieto.

TAMBIÉN DE D.W. HANSEN

Dios no sólo nos llama a ir y predicar el evangelio, sino a permanecer, amar y construir una Casa para Su presencia.

En *¿Quién se quedará?*, el veterano misionero y plantador de iglesias D.W. Hansen explica cómo el verdadero poder para cambiar vidas se encuentra en la comunidad. Entrelazando historias del campo misionero y enseñanzas de la Biblia, pinta un cuadro de la Casa que Jesús está construyendo: un lugar seguro, sano y lleno de amor, donde la obra transformadora de Dios puede florecer.

Disponible en amazon.com. También a la venta en formatos de ebook y audiolibro, así como en español.

ACERCA DE HEART4MEXICO

Desde 1998, nuestra organización sin fines de lucro Heart4Mexico ha ayudado a proporcionar una transformación vivificante a las comunidades mexicanas a través de ministerios prácticos y centrados en Cristo. Estos incluyen la plantación de iglesias, un orfanato para niños, una Escuela de Misiones acreditada y equipos de misiones a corto plazo. Heart4Mexico sirve como una fuente de esperanza renovada y segundas oportunidades para aquellos a quienes buscamos servir, y nos esforzamos por mantener estándares confiables y proporcionar resultados que cambien la vida y que impacten a estas comunidades para las generaciones venideras.

www.ingramcontent.com/pod-product-compliance
Lightning Source LLC
LaVergne TN
LVHW020927090426
835512LV00020B/3241